农业4.0
——即将来临的智能农业时代

李道亮　编著

机械工业出版社

本书从资源约束、环境压力、劳力老龄化、农产品国际竞争力缺失等我国的基本国情分析入手，系统论述了我国农业 4.0 发展的必然性和紧迫性；从传统农业、机械化农业、自动化农业和智能化农业（无人化农业）给出了农业 1.0 到农业 4.0 的基本定义、本质特征、技术支撑，并指出了农业 1.0 到农业 4.0 演变跃升的基本规律以及阶段跃升的大致年代；从种植业、畜牧业、渔业、市场、旅游、管理、农民生活等方面系统分析了农业 4.0 的基本内涵、技术体系和基本特征；最后提出了我国农业到 2050 年全面实现农业 3.0 的目标，到 2070 年前后全面实现农业 4.0 的发展目标和主要战略措施。希望本书能对农业领域的同行有所借鉴。

本书可供农业领域的各级管理者及相关人员学习使用，也可供农业信息化相关专业的在校师生参考。

图书在版编目（CIP）数据

农业 4.0：即将来临的智能农业时代/李道亮编著 .—北京：机械工业出版社，2018.1（2025.6 重印）
ISBN 978-7-111-58731-6

Ⅰ. ①农… Ⅱ. ①李… Ⅲ. ①智能技术—应用—现代农业—农业发展—研究报告—中国 Ⅳ. ①F323

中国版本图书馆 CIP 数据核字（2017）第 303791 号

机械工业出版社（北京市百万庄大街 22 号　邮政编码 100037）
策划编辑：陈保华　臧弋心　责任编辑：陈保华　臧弋心
责任校对：朱继文　　　　　封面设计：马精明
责任印制：刘　媛
北京富资园科技发展有限公司印刷
2025 年 6 月第 1 版第 8 次印刷
169mm×239mm・13 印张・238 千字
标准书号：ISBN 978-7-111-58731-6
定价：49.00 元

凡购本书，如有缺页、倒页、脱页，由本社发行部调换

电话服务　　　　　　　　　　　网络服务
服务咨询热线：010-88361066　　机工官网：www.cmpbook.com
读者购书热线：010-68326294　　机工官博：weibo.com/cmp1952
　　　　　　　010-88379203
策划编辑：010-88379734　　　　金书网：www.golden-book.com
封面无防伪标均为盗版　　　　教育服务网：www.cmpedu.com

2013年,德国政府提出"工业4.0"的概念在国际社会引起很大反响。工业技术和生产模式从机械化生产、电气化生产、自动化和信息化生产,最后跃升到网络化和智能化生产,德国人把它们形象地称为现代工业模式的四级演变,即"工业4.0"。新一轮的工业化带来的重要变革就是智能制造,而农业作为工业生产原材料的提供行业和工业制成品的使用行业,必将融入这场时代的变革中,也在向智能化时代发展。从第一次听到"工业4.0",笔者就开始思考农业是不是也有类似工业发展的一般规律,有没有类似"工业4.0"的发展经历,如果有,应如何划分?每一个阶段的特征是什么,每个阶段跃升的条件是什么,发展规律是什么,我们国家现代农业应该推进的路径是什么,要注意哪些问题和关键要素等一系列问题。

2015年,国务院出台了《关于积极推进"互联网+"行动的指导意见》,把"互联网+"现代农业作为第三大行动领域,笔者有幸受农业部委托,牵头起草《"互联网+"现代农业三年行动实施方案》。在该方案起草的过程中,本人及所带领的团队针对"互联网+"农业,从物联网、大数据、云计算、移动互联网、空间信息技术、人工智能及智能装备等新一代信息技术与农业资源、劳动力、农业装备、市场、信息等要素融合,粮经饲作物种植、设施园艺、畜禽和水产养殖业态跃升,农业生产、加工、流通、市场、经营、管理、服务一体化演进,生产体系、经营体系、产业体系、科技支撑体系、市场体系构建和运营等方面开展了大量的地方调研,多次与政府、企业和高校科研院所的专家进行探讨,力图把"互联网+"对农业转型升级的动力、步骤、过程搞清楚。

这一系统的调研，对形成农业 4.0 的基本思路起到了关键的助推作用，也基本形成了"互联网+"农业顶级阶段也就是农业 4.0 的基本结论。

从 2010 年开始，充分利用笔者主持的 3 个欧盟第七框架项目和德国科学基金、国家留学基金等资助，有幸对德国、比利时、荷兰、挪威、丹麦的猪场、牛场、渔场、鸡场，蔬菜、花卉设施农场，大麦、玉米、甜菜、菜花等大田种植农场进行了系统深入的现场参观考察，从生产体系、经营体系、产业体系、市场体系、科技体系进行了详尽、系统、深入、全面的考察研究，对欧洲典型的农业生产模式、经营模式、支撑体系和发展历程等方面与农场主进行了深入访谈。总的结论就是欧洲农业已经历了传统农业、机械化农业和自动化农业这三个阶段，现在基本已经实现现代化。对于现代化农业而言，农业规模化和集约化是前提，设施化和装备化是支撑，在线化和数据化是特征，市场化和信用化是本质，产供销一体化和标准化是保障。信息化和智能化是目前欧洲农业发展的引擎，通过信息化和智能化使农业更加精准、更加高效、更加安全。这些考察活动和系统的分析与思考对从全球的视野、前瞻的视角系统地分析农业 4.0 的基本特征、发展阶段、演变条件和支撑体系起到了根本的保障作用。

通过对欧洲和国内农业的调研可看出，世界各国农业的发展历程基本是：从以体力和畜力劳动为主的农业 1.0 阶段，到以农业机械为主要生产工具的农业 2.0 阶段，再到以农业生产全程自动化装备支撑的农业 3.0 阶段，最后达到以无人化为主要特征，以物联网、大数据、云计算和人工智能为主要技术支撑的全要素、全链条、全产业、全区域的智能农业阶段，即农业 4.0 阶段。

随着物联网等信息技术的强力渗透，信息流的"无孔不入"以及智能化的快速发展，农业逐渐转变为以物联网、大数据、云计算、人工智能等技术为支撑和手段的一种现代农业形态，是继传统农业、机械化农业、信息化农业之后的更高阶段的农业发展阶段，即智能农业阶段，将农业多功能性所内含的教育文化、历史传承等非经济功能彰显出来，带动农业生产回嵌资源环境，达到

前言

"人类回嵌自然"的生态文明新时代。在农业4.0阶段，人们充分运用物联网、大数据、云计算、移动互联网、空间信息技术、人工智能（以机器人为代表）等新一代信息技术，对土地、劳动力、资金、技术、市场、信息等各种农业要素进行重新配置与优化，实现对大田种植、设施园艺、畜禽养殖、水产养殖、农产品物流等农业行业的数字化设计、在线化处理、智能化控制、精准化运行、无人化作业和科学化管理，使农业实现大区域范围内整体优化配置，使农业的生产方式、经营方式、管理方式和服务方式跃升到一种新的形态。在这种形态下，农业高产、高效、优质、生态、安全、智能，这也代表了农业发展的方向。

2015年7月笔者撰写了《"互联网+"农业导论》一书，开始了"互联网+"农业的理论体系、生产体系、技术体系、产业体系、运营体系的梳理工作，从那时开始就在思考的生产、流通、消费三大领域将相互衔接，而劳动者、劳动工具和劳动对象这生产力的三要素也将发生本质性变化。2015年12月机械工业出版社特邀笔者撰写《农业4.0——即将来临的智能农业时代》，从那时起，我就一直在思考"互联网+"农业与农业4.0是什么关系，它们之间能画等号吗？随着《"互联网+"农业导论》的成稿，《农业4.0——即将来临的智能农业时代》也逐渐清晰，农业4.0是"互联网+"农业的顶级阶段或高级阶段的基本定位决定了两者的相互关联、不可截然分开，同时"互联网+"农业更强调信息技术对资源的重新配置作用，突出"互联网+"的理论体系，农业4.0更强调不同阶段的演进和每一阶段的本质特征，更强调实践和实际的应用，"互联网+"农业是农业4.0的理论基础，农业4.0是"互联网+"农业的形象化和案例化，是"互联网+"农业的高级阶段。按照这个关系和逻辑，两本书就是姊妹篇，相互支持又相互联系。

按照上述理解，本书从我国国情分析入手，论述农业4.0为什么是我国农业发展的必由之路；分析了从农业1.0到农业4.0的基本定义、技术支撑及其主要特征；讨论了农业演变跃升的基本规律；从6个维度分析农业4.0的本质；从种植业、畜牧业、渔业、市场、旅游、管理等方面系统分析农业 4.0 的基本内涵、技术体系和基本特征；最后提出和分析了相关政策。

农业 4.0 是一个崭新的提法，推进农业 4.0 是一个复杂的系统工程，目前在全世界范围内农业 4.0 也是小荷才露尖尖角，我国目前正处于从农业 2.0 到农业 3.0 的过渡阶段。因此本书的很多内容很大程度上是一种理论推算和预测，同时农业 4.0 涉及电子、通信、计算机、农学、工程、管理等若干学科和领域，知识的交叉性和集成性很强，其理论、方法、技术、案例都不成熟，深感出版此书的责任和压力的巨大。

作者学科团队的相关老师和研究生为本书的出版提供了翔实的资料并参与历次书稿的讨论及修改，具体分工为：第1章，刘晓倩、文洪星；第2章，张彦军；第3章，袁晓庆；第4章，刘利永；第5章，杨卫中；第6章，孙明；第7章，位耀光；第8章，陈英义；第9章，李振波；第10章，段青玲、沈立宏；第12章，孙龙清。作者的研究生于辉辉、杨昊、包建华、乔曦、王聪、李震等参与了本书的文字勘误工作，之后作者又进行了若干轮的修正和统稿。由于作者水平有限且时间较紧，书中存在错误或不妥之处在所难免，诚恳希望同行和读者批评指正，以便以后进行改正和完善，如有任何建议和意见，欢迎指正。

本书凝聚了很多农业信息化领域专家、领导和科研人员的智慧和见解，我首先要感谢我的导师中国农业大学傅泽田教授，他为我搭建了农业信息化领域研究平台，培养了我的系统研究方法、广阔的国际视野和宏观的战略思维，多年来在科研教学、做人做事等方面的教诲和指导让我受益良多。特别要感谢国家农业信息化工程技术研究中心主任赵春江院士、上海交通大学刘成良教授、浙江大学何勇教授、中国农科院许世卫研究员，他们带领我在农业信息化领域不断努力进取，他们兄长般的关爱和帮助使我不断成长。还要特别感谢汪懋华、孙九林、罗锡文院士和梅方权、王安耕研究员等老一辈专家在历次农业农村信息化会议上的指导和建议，他们的许多观点令我茅塞顿开。感谢农业部余欣荣、屈冬玉副部长，张合成、唐珂司长，王小兵、张辉、陈萍副司长，张国、王松、宋代强处长，农业部信息中心张兴旺主任，杜维成、吴秀媛副主任，刘桂才总工程师在历次农业信息化研讨会议上的指导与建议，对"互联网+"农业和农业4.0理论框架的深化和形成有很大促进作用，也对许多不清楚的理论问题进行了更深入的探讨。

目录

前言

第1章 我国农业发展的必由之路 / 1

1.1 耕地资源约束 / 1

1.2 劳动力约束 / 3

1.3 环境约束 / 4

1.4 敢问路在何方 / 6

参考文献 / 7

第2章 1.0~4.0 踽踽前行的农业之路 / 9

2.1 从社会发展阶段来看农业1.0~农业4.0 / 9

   2.1.1 农业1.0是农业社会的产物 / 10

   2.1.2 农业2.0是工业社会的产物 / 10

   2.1.3 农业3.0是信息社会的产物 / 11

   2.1.4 农业4.0是智能社会的产物 / 11

2.2 农业1.0——人力与畜力为主的传统农业 / 11

2.3 农业2.0——隆隆作响的机械化农业 / 13

2.4 农业3.0——高速发展的自动化农业 / 16

2.5 农业4.0——即将来临的智能农业时代 / 19
参考文献 / 24

第3章
前路漫漫——农业4.0的发展路线图 / 25

3.1 农业代际演进的基本规律 / 25
   3.1.1 农业代际演进的基本动因 / 25
   3.1.2 农业代际演进的主要特征 / 27
   3.1.3 农业代际演进的状态分布 / 28
3.2 农业代际演进的技术依赖 / 30
   3.2.1 技术成熟度曲线的基本原理 / 30
   3.2.2 农业代际演进的技术发展趋势 / 32
3.3 农业代际演进的动态跃迁 / 36
   3.3.1 从农业1.0到2.0：虫蠕龟行 / 36
   3.3.2 从农业2.0到3.0：随风潜入 / 37
   3.3.3 从农业3.0到4.0：巅峰一跃 / 38
参考文献 / 40

第4章
农业4.0的六个维度 / 41

4.1 构成农业4.0的六个维度 / 41
   4.1.1 农业资源要素——农业4.0要优化配置哪些资源？ / 42
   4.1.2 信息技术——农业4.0的核心技术有哪些？ / 44
   4.1.3 产业链——农业4.0由哪些产业环节构成？ / 50
   4.1.4 行业领域——农业4.0能给哪些行业带来改变？ / 55
   4.1.5 支撑体系——农业4.0建设需要哪些支撑条件？ / 58

4.1.6　运行机制——农业4.0如何实现可持续发展？　/　60

4.2　从六个视角谈农业4.0的先进性　/　60

　　4.2.1　资源高效利用　/　60

　　4.2.2　信息技术深度应用　/　61

　　4.2.3　各行业高度发达　/　62

　　4.2.4　全产业链高度智能化　/　62

　　4.2.5　外部支撑条件强劲有力　/　64

　　4.2.6　运行机制良性可持续　/　65

4.3　从六个维度构建农业4.0理论体系　/　65

参考文献　/　67

第5章

种植业4.0　/　69

5.1　种植业1.0　/　69

5.2　种植业2.0　/　71

　　5.2.1　蒸汽拖拉机的发明与应用　/　72

　　5.2.2　内燃机拖拉机的发明与应用　/　73

　　5.2.3　各种农具的发展与应用　/　74

5.3　种植业3.0　/　75

　　5.3.1　高度发展的农业机械化　/　76

　　5.3.2　精准农业　/　77

　　5.3.3　工厂化农业　/　79

5.4　种植业4.0　/　81

　　5.4.1　种植业农情自动获取及智能处理　/　81

　　5.4.2　农机自动作业及调度　/　82

　　5.4.3　智能植物工厂　/　85

　　5.4.4　全自动无人农场　/　88

参考文献　/　91

第 6 章
畜牧业 4.0 / 92

6.1 畜牧业 1.0 / 92

6.2 畜牧业 2.0 / 94

6.3 畜牧业 3.0 / 97

6.4 畜牧业 4.0 / 103

    6.4.1 智能牧场养殖信息系统 / 104

    6.4.2 互联网+畜牧业 / 105

    6.4.3 牧场的无人值守化 / 106

    6.4.4 畜牧业的智能化 / 109

    6.4.5 畜牧业的多元协同化 / 110

参考文献 / 111

第 7 章
水产养殖 4.0 / 113

7.1 水产养殖 1.0——粗放的养殖时代 / 113

7.2 水产养殖 2.0——设施化养殖时代 / 115

7.3 水产养殖 3.0——开启自动化养殖新篇章 / 118

    7.3.1 工程化池塘精准养殖 / 118

    7.3.2 陆基工厂循环水精准养殖 / 120

    7.3.3 网箱精准自动化养殖 / 123

7.4 渔业 4.0——跨入无人系统时代 / 125

    7.4.1 智能生态养殖是池塘养殖未来发展之路 / 125

    7.4.2 智能化陆基工厂养殖 / 126

7.4.3　智能网箱养殖　/　127

参考文献　/　129

第 8 章
农业市场4.0——农业的"e"化经营时代　/　130

8.1　农业市场1.0　/　130

8.1.1　地摊式集贸市场成为农业市场主场所　/　130

8.1.2　地摊式集贸市场逐渐走向农业市场配角　/　131

8.2　农业市场2.0　/　133

8.2.1　批发市场作为中间商业组织成为交易平台　/　133

8.2.2　批发市场为电子商务时代的到来奠定了基础　/　134

8.3　农业市场3.0　/　136

8.3.1　农村电子商务走向时代舞台　/　136

8.3.2　农村电子商务异军突起　/　137

8.4　农业市场4.0　/　140

参考文献　/　141

第 9 章
农业休闲旅游4.0　/　142

9.1　农业旅游1.0——农业旅游的早期形态　/　143

9.2　农业旅游2.0——以农家乐为主的乡村休闲　/　144

9.3　农业旅游3.0——"互联网+"农业旅游　/　148

9.4　农业旅游4.0——多功能休闲智慧的乡村生活　/　151

参考文献　/　153

第 10 章
农业管理与服务 4.0——新时代下的管理与服务革命 / 155

10.1 农业管理与服务的基本内涵 / 155

    10.1.1 农业行业管理 / 157

    10.1.2 企业信息服务 / 157

    10.1.3 面向农民的公共信息服务 / 158

10.2 农业管理与服务 1.0——传统的农民管理和服务 / 158

10.3 农业管理与服务 2.0——基于电子政务的农业管理 / 159

10.4 农业管理与服务 3.0——基于大数据的农业管理 / 162

10.5 农业管理与服务 4.0——基于智能决策的超高效农业管理 / 163

参考文献 / 164

第 11 章
农民生活 4.0 / 166

11.1 农民成为令人向往的职业 / 166

    11.1.1 农民生活 1.0——农民是一种身份的象征 / 166

    11.1.2 农民生活 2.0～3.0——完成身份向职业的转变 / 167

    11.1.3 农民生活 4.0——农民成为令人羡慕的职业 / 169

11.2 农村将变为美丽幸福的智能家园 / 169

    11.2.1 农村状态 1.0——城乡鸿沟巨大 / 169

    11.2.2 农村状态 2.0——城乡差距逐步缩小 / 170

    11.2.3 农村状态 3.0——城乡实现一体化 / 171

    11.2.4 农村状态 4.0——农村是美丽幸福的智能家园 / 174

11.3 农业 4.0 时期的农民智慧生活 / 175

    11.3.1 智慧家居 / 175

    11.3.2 智慧医疗 / 177

11.3.3　电子商务　/　178

11.3.4　智慧养老　/　179

11.3.5　智慧娱乐　/　180

参考文献　/　182

第 12 章
放眼未来——农业 4.0 发展的战略与对策　/　183

12.1　总体目标及发展思路　/　183

 12.1.1　总体目标　/　183

 12.1.2　发展思路　/　184

12.2　主要技术路线　/　185

12.3　对策与措施　/　187

 12.3.1　组织与机制创新　/　187

 12.3.2　强化支撑与完善保障　/　189

 12.3.3　加大投入与政策集成　/　192

参考文献　/　193

第1章
我国农业发展的必由之路

农业4.0是以物联网、大数据、人工智能、机器人等技术为支撑的一种高度集约、高度精准、高度智能、高度协同、高度环保的现代农业形态,是继传统农业、机械化农业、自动化农业之后的更高阶段的农业发展阶段,即智能农业。这个阶段将农业多功能性所涵盖的教育文化、历史传承等非经济功能彰显出来,带动农业生产回嵌资源环境,达到"人类回嵌自然"的生态文明新时代。目前我国农业面临着土地等资源约束趋紧、劳动力老龄化问题突出、农业生态环境压力加剧等问题,迫使我国农业不得不加快农业生物技术、信息技术、装备技术的推进步伐,转变传统生产方式、经营方式和管理方式,充分利用国家实施"互联网+"农业行动计划的契机,扎实推进我国向农业4.0时代迈进。

1.1 耕地资源约束

我国是人口众多、耕地资源相对贫乏的大国,人口和耕地矛盾十分突出。我国耕地资源虽然总量较大,但是数量不足的问题也十分明显,一方面从耕地面积占国土总面积的比重来看,中国仅为13%,远低于印度的49.4%、法国的33.2%、英国的24.9%以及美国的18.7%;另一方面我国人均耕地面积不足。

联合国粮食及农业组织（Food and Agriculture Organization）根据分析研究提出人均占有耕地面积的最低标准为 0.0531 公顷（hm^2），而根据我国国土资源部 2013 年 12 月 30 日公布的第二次全国土地调查主要数据成果显示，我国当前的耕地总面积为 13538.5 公顷，人均耕地面积为 0.08 公顷，相比之下目前我国的人均占用耕地面积仅为世界人均耕地面积的 1/3、印度的 1/1.6、美国的 1/6.5、俄罗斯的 1/8.4、加拿大的 1/14.5 以及澳大利亚的 1/26（见图 1-1）。不仅如此，近年来在经济发展压力下，人均耕地面积仍有下降趋势。而且我国可供开发的耕地后备资源也十分短缺，只有 2 亿亩○左右。

除了数量上的不足之外，耕地资源总体质量差的威胁也不容忽视。具体来说，质量上的问题主要体现在以下几个方面。

（1）耕地中的中低产地比重大。根据 2016 年 4 月国土资源部发布的《中国土地资源公报》结果显示，全国耕地平均质量总体偏低。对占全国耕地评定总面积 52.9% 的

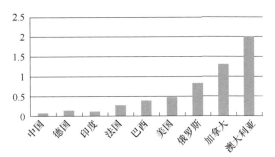

图 1-1 2013 年人均耕地面积国际比较（单位：公顷）

样本进行评定中，优等地占总评定面积的 2.9%，高等地占总评定面积的 26.5%，中等地占总评定面积的 5.8%，低等地占总评定面积的 17.7%。较大的中低产耕地比重，基本上决定了我国耕地的总体生产力及产投比。

（2）耕地资源养分含量低且水土匹配条件差。从全国第二次土壤普查资料中可以看出，耕地有机质含量低于 10 克/千克的就有 1405.3 千公顷，占被统计耕地面积的 15.06%；有机质含量在 10~30 克/千克之间的有 55026 千公顷，占被统计面积的 59.08%；有机质含量高于 30 克/千克的土地，占被统计面积的 25.86%。

（3）耕地资源总体质量尚存在不断恶化的趋势。2014 年 4 月 17 日，环境保护部与国土资源部联合公布了《全国土壤污染状况调查报告》，首次对我国土壤环境状况进行调查。调查显示我国土壤环境问题突出，耕地土壤环境很不乐观。

○ 1 亩 = 666.67m^2。

耕地土壤点位超标率达到19.4%，其中轻微污染点位比例为13.7%，轻度污染点位比例为2.8%，中度污染点位比例为1.8%，重度污染点位比例为1.1%。因污染及其所造成的耕地质量下降，又导致全国粮食减产和粮食污染。

中国耕地数量不足、土地质量遭到破坏的问题日趋严重，传统的农业种植生产方式面临着巨大的挑战，迫使我们转变农业生产方式，努力采用新一代信息技术、装备技术和种养殖技术，打破土地对农业生产的限制，减少农业化肥、农药、农膜等的不合理施用，合理利用土地资源，提高农业生产效率。

1.2 劳动力约束

根据第六次人口普查的结果显示，截至2015年，农村人口为6.03亿，占全国总人口的比例高达43.90%[1]，这反映出我国仍然是一个发展中的农业人口大国。近年来，农业劳动力老龄化、女性化趋势明显，农业劳动力成本逐年提高，农产品的国际竞争环境日益严峻。

对我国而言，农村人口老龄化和农业劳动力老龄化并驾齐驱，从第三次人口普查到第六次人口普查，农村65岁及以上老年人口比例为由5.0%上升到10.06%，比城镇的老年人口比例高出2.37个百分点。在城乡二元经济的影响下，大批农村青壮年劳动力转移至城镇，加剧了农村劳动力的老龄化。1990年农业劳动力平均年龄为36.8岁，2000年增加到40岁，2010年则超过45岁，已进入农业劳动力老龄化时代。随着经济社会的发展，农业劳动力老龄化将会日渐加剧。2016年，农村劳动力平均年龄已经接近55岁。20年后谁来种地、谁来养猪、谁来养鱼等问题突出。

虽然中国农村人口存在着老龄化、妇女化的倾向，且中国农村的有效劳动力有不断减少的趋势，但是我国农村网民的规模在不断地增长，截至2014年12月，中国农村网民规模达1.78亿，年增长率为1%[2]，而且农村网民呈年轻化趋势，20~29岁的农村网民占比最高。所以，农民可以借助"互联网+"农业的

---

[1] 数据来源：国家统计局。
[2] 数据来源：2014年农村互联网发展状况研究报告。

生产方式，提高农业生产方式的技术含量，增加农村年轻劳动力对农业的积极性；同时利用"互联网+"农业的生产模式，提高农民的组织化程度，加大农业的生产规模，实现以更少的劳动力生产出更多的农产品。

1.3 环境约束

1. 化肥过量使用造成环境污染严重

改革开放以来，我国农业得到了迅速发展，但这种发展主要是依靠化肥、农药等化学产品投入量的大幅度增长。中国目前化肥的使用量也是世界上最高的，大约是每年5800万吨。农用化肥投入导致的农业污染主要表现在化肥的使用量大，但肥料配比不合理，导致利用效率低下、流失严重。

1）化肥使用量大。在过去的十多年间，我国的化肥使用量呈直线上升的趋势，从2000年的4146.4万吨，增至2013年的5911.9万吨，是世界上化肥使用量最多的国家。中国的化肥使用强度是罕见的，耕地不足世界的10%，但氮肥的使用量近乎占全球的30%。国际公认的化肥施用安全上限是225kg/公顷，但目前我国农用化肥单位面积平均施用量达到434.3kg/公顷，平均施用量是国际公认安全上限的1.93倍、发达国家化肥安全使用上限的2倍、美国安全上限的4倍，我国部分地区化肥施用量还远远大于这个强度（见图1-2）。

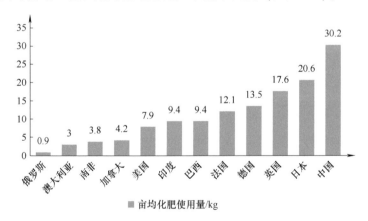

图1-2　2002~2011世界部分国家年均化肥使用强度国际比较

注：数据来源为FAO数据库。

2）化肥利用率低。目前，发达国家评价化肥利用率可达60%～70%，而我国氮肥的平均利用率仅为30%～35%，磷肥为10%～20%，钾肥为35%～50%。化肥利用率极低，加剧了氮、磷、钾的流失和农业面源污染的产生。由于多数农民不掌握科学施肥技术，化肥有效利用率低，损失的化肥进入环境，导致土壤有机质降低、理化性状变劣、肥力下降、加剧了湖泊和海洋的富营养化等，目前我国已经有一半以上湖泊的水质受到不同程度富营养化污染的威胁。

3）化肥配比不科学。我国在化肥施用中，氮、磷、钾肥施用比例不科学的问题由来已久。长期以来，我国农业生产中施用的肥料以化肥为主，很少施用有机肥，化肥中以氮肥为主，磷肥和钾肥施用量较少。肥料配比的不合理可能造成土壤板结和酸化，土地生产能力下降和土壤营养成分的大量流失，引发农业面源污染等。

我国农业化肥的过量施用和不合理施用造成的生态环境破坏非常严重，已经对农产品质量安全造成威胁。大力发展以信息技术为核心的精准农业可以改变这种现状，通过农机的变量精准施肥和水肥一体化等技术可大大提高化肥的利用率、减少化肥流失并降低环境污染。

2. 农药过量施用造成环境污染严重

我国目前农药使用量和残留量都很大。由图1-3可以看出，与其他国家可获取的最新数据相比较，2010年我国的农药施用强度非常高，在世界农药施用强度排名中排第17位，且我国农药施用强度仍不断增大，现状不容乐观。2013年农业部资料显示，每年约有175万吨农药使用于农牧林业生产，平均每亩施加

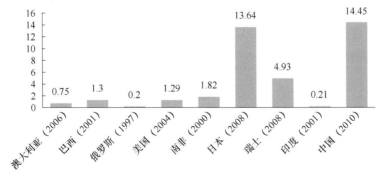

图1-3 农药施用强度国际比较（单位：吨/千公顷）

注：数据来源为中国省域生态文明建设评估报告（ECI 2010）。

1.92 斤农药，单位面积农药用量是世界平均水平的 3 倍。农药大多以喷雾剂的形式喷洒于作物上，只有 10%~20% 附着在植物体上，80%~90% 散落在土壤和水里、漂浮在大气中，造成严重的环境污染。

其次，农药利用效率低下。粉剂农药仅有约 10% 附着在植株上，液体农药约有 20% 附着在植株上，仅有 1%~4% 作用于害虫，40%~60% 洒落地面，5%~30% 漂浮在大气中，大约总共有 80% 进入环境。大气和土壤中的农药随着降雨、渗滤和地表径流进入水体，引起水体环境恶化。

农药过量使用以及农药利用效率低，造成我国水、土地、大气等生态环境污染和农产品农药残留严重。以信息技术为核心的精准农业可以针对不同病虫害、不同作物靶向施药，从而减少农药使用量，有效提高农药的利用效率，减少农药残留。

3. 农膜过量使用造成环境污染严重

近 20 年，我国农膜用量急剧增加，地膜的用量和覆盖耕地面积均居世界首位。在我国，农膜、地膜的用量和地膜使用面积都呈显著递增趋势。1991 年农膜用量为 64.2 万吨，从 1996 年起，农膜用量超过 100 万吨，且以每年 10% 的速度递增。2015 年农膜用量为 260.4 万吨，是 1990 年的 5 倍之多。地膜覆盖面积也在迅速增加，2011 年地膜覆盖面积为 18318.4 千公顷。一方面，农膜的生产和使用量很大，另一方面由于国产农膜的生产向薄型化发展，因此地膜强度低、易破碎，回收困难，大量劣质农膜容易风化破碎，导致残留农膜的大量存在，形成严重的"白色污染"。据统计，农用地膜在长期使用覆盖的农田中每公顷残留量的平均值大约在 60~90kg，最高值为每公顷 165kg，近乎 50% 的地膜在土壤中残留，使得我国目前耕地残膜污染十分严重。智能温室的出现降低了农膜的使用，可控的温度、湿度及空气含氧量不仅更适宜农作物的生长，而且比农膜更环保。

1.4 敢问路在何方

我国土地资源紧缺、生态环境恶化、农业劳动生产率低、劳动力老龄化问题突出，这就迫使农业从小农生产走向规模化、精细化、自动化生产，只有加快农业生物技术、信息技术和装备技术的创新与融合步伐，走一条生产集约、产出高效、资源节约、生态安全的现代农业道路。

农村土地制度改革使得农业实现了规模化生产，加之农业物联网、大数据的发展，可以使"一个人种十个人甚至上百人的地"的想法成为现实，使得农业生产更智能、更精准。农业物联网能够实现"人-机-物"一体化互联，可以更加精细地管理和控制农业中各要素、各过程和各系统，将农业与移动互联网、云计算等技术融合，实现对农业对象和过程智能化识别、监控和管理，为智能育苗、智能田间管理和智能灌溉提供完美解决方案。将物联网、移动互联网等技术与农业融合和系统集成，不仅使农业生产科学、简单、高效，还能够达到增产增收，保障农产品质量的目的。

在"互联网+"农业等新兴业态的浪潮下，大力发展精准农业、数字农业、工厂化农业、智能农业，不断推进农业现代化的广度和深度，促进产业结构优化、延伸农业产业链条，大力优化各种生产要素的组合，推动"粮经饲"统筹，"种养加"一体，一、二、三产业㊀融合发展。不断加强构建现代农业生产体系、经营体系、产业体系、科技体系，不断推动农业从2.0时代过渡到3.0时代，再向4.0时代迈进，是我国农业发展的必由之路。

参 考 文 献

[1] 李道亮．互联网+农业：助推农业走进4.0时代［J］．农业工程技术，2016（3）：25-28.

[2] 温铁军，等．农业1.0到农业4.0的演进过程［J］．当代农村财经，2016（2）：2-6.

[3] 吴群，郭贯成，刘向南，里永乐．中国耕地保护的体制与政策研究［M］．北京：科学出版社，2011.

[4] 国土资源部．关于第二次全国土地调查主要数据成果的公示［EB/OL］．（2013-12-30）［2017-2-18］．http://www.mlr.gov.cn/zwgk/zytz/201312/t20131230_1298865.htm.

[5] 国土资源部．土地资源［EB/OL］．（2016-4-22）［2017-2-18］．http://data.mlr.gov.cn/gtzygb/2015/201604/t20160422_1403272.htm.

[6] 蔡昉．破解农村剩余劳动力之谜［J］．中国人口科学，2007（2）：2-7.

[7] 中国科学院中国现代化研究中心．中国现代化报告2012：农业现代化研究［R］．北京，

㊀ 一、二、三产业，即第一产业、第二产业和第三产业。

2012（5）.
[8] 肖力. 互联网＋正在深刻改变着农业［N］. 经济日报, 2015-07-10（11）.
[9] 赵晓军, 翟超英, 赵明月. 农业污染国内外研究进展及防控对策建议［J］. 农业环境与发展, 2013（4）: 1-6.
[10] 张智峰, 张卫峰. 我国化肥施用现状及趋势——磷肥与复肥［J］. 2008（6）: 9-12.
[11] 左晓利, 张俊祥, 李振兴. 我国农业污染特点及防治对策［J］. 创新科技, 2011（11）: 17-19.
[12] 赵其国, 黄季焜. 农业科技发展态势与面向2020年的战略选择［J］. 生态环境学报, 2013（3）: 397-403.
[13] 张宏艳. 非点源污染的经济学研究进展［J］. 上海经济, 2013（1）: 38-41.
[14] 刘凯等. 泓森物联网解读智慧农业4.0模式［J］. 南方农业, 2015（10）: 250-251.
[15] 张红宇. 推进农业供给侧结构性改革定盘要"四着"［J］. 农金论坛, 2016: 26-28.
[16] 马明. 大数据助力"互联网＋"农产品质量安全［J］. 农村工作通讯, 2015（23）: 51.
[17] 环境保护部, 国土资源部. 全国土壤污染状况调查公报［R］. 北京, 2014.4.17.
[18] 新华网. 我国三大主粮化肥、农药利用率明显提升［EB/OL］.（2015-9-20）[2016-2-18]. http://news.xinhuanet.com/fortune/2015/12/02/c_1117336011.htm.
[19] 新华网. 农业部: 我国耕地质量存在"两大两低"问题［EB/OL］.（2015-9-20）[2016-2-18]. http://news.xinhuanet.com/fortune/2015/09/20/c_1116617219.htm.
[20] 毕海滨. 治理农业面源污染要把握好关键点［J］. 黑龙江粮食, 2015（5）: 6-8.
[21] 吴林海, 谢旭燕. 生猪养殖户认知特征与兽药使用行为的相关性研究［J］. 中国人口·资源与环境, 2015（2）: 160-166.
[22] 孙若愚, 周静. 基于损害控制模型的农户过量使用兽药行为研究［J］. 农业技术经济, 2015（10）: 32-40.
[23] 严耕等. 中国省域生态文明建设评估报告（ECI 2010）［M］. 北京: 社会科学文献出版社, 2010.

第 2 章

1.0~4.0 踽踽前行的农业之路

人类经历了农业社会、工业社会,目前正处在信息社会阶段。一部农业革命的发展史,就是一部具有划时代意义的生产工具的创新史,从青铜器到铁器、从畜力到农业机械、从自动化农业到鼠标种田,都预示一个新时代的开始。本章用生产力作为分析对象,从劳动者、劳动工具和劳动对象三个要素的角度来分析农业形态演变,试图回答农业1.0~农业4.0的本质特征。简单地说:农业1.0是人力与畜力为主的传统农业,农业2.0是隆隆作响的机械化农业,农业3.0是高速发展的自动化农业,农业4.0是即将来临的智能农业。

2.1 从社会发展阶段来看农业1.0~农业4.0

人类社会的发展,就是劳动者发挥聪明才智,不断创造新的劳动手段(劳动工具),去认识自然、适应自然和改造自然(作用于劳动对象)的过程。在不同的历史时期,人类社会通过使用不同功能的工具,来扩展和增强人类自身的功能,而这些工具本身也成为区分人类社会形态的基本标准之一,因此劳动工具的演变也体现了农业1.0~农业4.0的演变。农业社会、工业社会、信息社会及智能社会农业的典型特征如表2-1所示。

表 2-1　农业社会、工业社会、信息社会及智能社会农业的典型特征

社　会	劳　动　者	劳 动 工 具	劳动对象	农业发展阶段
农业社会	以从事体力劳动农民的为主	简单的手工工具、畜力	物质	农业 1.0
工业社会	以从事操控机械为主的农民为主	农业机械	物质、能量	农业 2.0
信息社会	以操控计算机为主	信息技术	物质、能量、信息	农业 3.0
智能社会	以操控机器人为主	智能技术	物质、能量、信息、知识	农业 4.0

2.1.1　农业 1.0 是农业社会的产物

农业 1.0 是以人力与畜力为主的传统农业，是农业社会的产物。在农业社会漫长的发展过程中，人类最重要的劳动工具是用以开发土地资源的各种简单手工工具和畜力，它们是对人类体力劳动的有限缓解，并没有从根本上把人类的生产活动从繁重的体力劳动中解放出来。纵观人类从业社会的发展，尽管生产工具从早期的石器、青铜器发展到后来的铁器，但从整体来讲，在农业社会，生产工具仍然是初级的工具，生产工具只是人体局部功能的有限延伸。

2.1.2　农业 2.0 是工业社会的产物

以 1776 年蒸汽机的发明和使用为标志，人类社会的生产工具得到了革命性的发展，人类发明和使用了以能量转换工具为特征的新的劳动工具，机器代替手工工具，标志着人类工业社会的开始。在 300 多年的工业社会历程中，能量转换的工具实现了两次历史性的飞跃，均对人类社会生产及生活产生了极为深远的影响。瓦特蒸汽机的发明标志着人类工业社会的开始，蒸汽机把热能转换成机械能，出现了火车、轮船、纺织机械、印刷机械、采矿机械等，从而实现了生产工具的机械化，生产效率十倍、百倍地提高。在 19 世纪后半叶和 20 世纪初，电动机、内燃机的发明和使用，使工业革命进入到第二个高潮。内燃机与电力技术的广泛应用带动了包括冶金、电气、汽车、船舶等产业的发展，很快推动了以电气时代新技术为主导的电力工业、化学工业、汽车工业等一系列新兴产业的发展。与此同时，伴随着工业革命的发展，农业机械化工具不断出现，

这直接催生了农业装备开始在农业广泛应用。

2.1.3 农业3.0是信息社会的产物

20世纪后期，随着微电子技术和软件技术的发展，人类社会改造自然的工具也开始发生革命性的变化，其中最重要的标志是数字技术使劳动工具自动化。工业社会以能量转换为特征的工具逐渐被信息化的工具所驱动，形成了信息社会最典型的生产工具，或者说信息技术与农业机械、装备和设施深度融合，实现农业数字化、精准化和自动化生产。如果说工业社会产生的劳动工具解放了人类四肢，而信息社会产生的劳动工具则解决了人脑有效延伸的问题，是一次增强和扩展人类智力功能、解放人类智力劳动的革命。

2.1.4 农业4.0是智能社会的产物

21世纪后期，随着人工智能和机器人技术的发展，人类社会改造自然的工具也开始发生革命性的变化，其中最重要的标志是劳动工具智能化，无人系统成为农业生产主要特征。工业社会以能量转换为特征的工具逐渐被智能化的工具所驱动，形成了智能社会最典型的生产工具——机器人。如果说工业社会的劳动工具解决了人类四肢的有效延伸，而智能社会的劳动工具则解决了无人系统的作业问题，这将是一次增强和扩展人类智力功能、解放人类智力劳动的革命。智能工具在农业领域的扩散应用催生了农业4.0，其典型特征是高速发展的智能化和无人化，为智能社会区别于信息社会的典型特征。

2.2 农业1.0——人力与畜力为主的传统农业

农业1.0所处的代际是以体力劳动为主的小农经济时代，农业1.0时代依靠个人体力劳动及畜力劳动，人们根据经验来判断农时，利用简单的工具和畜力来耕种，主要以小规模的一家一户为单元从事生产，生产规模较小，生产技术和经营管理水平较为落后，抗御自然灾害能力差，农业生态系统功效低，商品经济属性较弱。

人类渔猎社会开始于200万年前，此时人类刚学会制造石刀、石斧与石锥等简单的生产工具,这就是旧石器时代。约6000年前,人类开始掌握炼铜技术,从而进入青铜器时代,生产效率大大提高。到4000年前,人类进一步掌握了炼铁技术,人类发明了各种工具,如锄头、刀、犁、斧等生产和生活工具,使得生产力进一步发展,人类从而进入铁器时代,这是农业1.0的萌芽,农业1.0时代在我国延续的时间极其漫长,整个农业1.0时代基本都是一个依靠农民自力更生、勤劳致富、单打独斗的时代。农业1.0时代的人力畜力劳作如图2-1所示。

图2-1 农业1.0时代的人力畜力劳作

抛开我国几千年的小农经济和新中国成立后的人民公社而论，我国农业1.0时代基本贯穿了改革开放后的第一个十年。在这个十年里，由于家庭联产承包责任制的实行，突破了新中国成立以来坚持的计划经济模式，极大地调动了农民们的生产积极性，解决和发展了农村生产力，不仅逐渐结束了农产品长期短缺的历史，还基本上解决了全国人民吃饭的问题。

改革开放后的十年里，我国农业仍旧以个体农民为主体推动力量，通过精耕细作、化肥和农药的使用、农机的使用、培育使用良种等方式来提高农产品的产量。在那个物资相对短缺的年代，主要出售的虽然还是初级农产品，但是总能轻松卖出，农民能够过上相对富足的生活。

农业1.0时代，传统农业技术的精华在我国农业生产方面产生过积极的影响，但随着时代进步，这种小农体制逐渐制约了生产力的发展。这个阶段主要以"产量高"为目标，虽然比起现在动辄成千上万亩的农业项目来说大多还是"小打小闹"，但却为农业产业化奠定了基础。可以说，农业1.0主要追求的是农业耕种技术的"专"。

2.3 农业2.0——隆隆作响的机械化农业

农业2.0时代是以"农场"为标志的大规模农业，是机械化生产为主、适度经营的"种养植大户"时代。农业2.0也被称作机械化农业（见图2-2），以机械化生产为主，运用先进适用的输入性动力农业机械代替人力、畜力生产工具，改善了"面朝黄土背朝天"的农业生产条件，将落后低效的传统生产方式转变为先进高效的大规模生产方式，大幅提高了劳动生产率和农业生产力水平。

20世纪90年代之后，随着工业化浪潮在全国范围内的推进，以农产品深加工为核心业务的食品制造业蓬勃发展。但是，长期以来，农业生产、加工和销售三个环节相脱节，导致农产品"买难"和"卖难"现象交替出现，使得农产品加工企业常常得不到稳定的原料供给，农民的利益也经常受到损害。于是，集农业生产、加工、销售为一体的"农业产业化"模式就成了改革后第二个十年的主旋律。

图 2-2　农业 2.0 时代的机械化作业

农业产业化其实主要就是深加工化、规模化、产业链化、市场化和品牌化，在龙头企业的带动下，分布在沿海、某些商品粮基地、鱼米水乡、物产丰饶或地广人稀的地区，也包括一些国有农场，通过诸如"公司＋农户""公司＋基地+农户""公司+合作社+农户"等形式率先形成了良好的经济和社会效益。

我国农业 2.0 时代以企业主为主要推动力量，农业产业化一方面既保持了家庭联产承包制的稳定，同时又通过延长产业链，发挥一体化组织的协调功能，在一个产品、一个产业、一个区域内形成了产品规模、产业规模和区域规模；另一方面在更大范围内和更高层次上实现农业资源的优化配置和生产要素的重新组合，提高了农业的比较效益，有利于在家庭经营的基础上，逐步实现农业生产的专业化、商品化和社会化。

这个阶段以"产值高"为目标，主要表现在农副产品深加工企业或食品制造企业向产业上游延伸，或者农业生产企业向产业下游延伸，提供给市场的已经不是初级农产品，而是加工后的农副产品或者食品。像中粮集团、北大荒集团、华龙集团、金健集团、汇源果汁、国联水产等都属此类的典型企业。因此，可以说，农业的 2.0 时代其实就是"一产+二产"的主流时代，农业 2.0 追求的是农业产值的"大"。

从我国看，我国 2016 年农业机械化率已超过 65%，预计 2020 年，我国农业机械化率将提前突破 70%，也就是说农业 2.0 时代将在 2020 年完全实现。国家高度重视农业机械化发展，尤其是在农机购置补贴政策的驱动下，我国农业机械化取得了重大进展，2016 年农业机械化发展呈现农机规模有增长、结构有优化、薄弱环节有突破的特点，农机总动力预计达 11.44 亿千瓦（10^9 kW），同比增长 2.4%；市场需求大、供给缺口大的大中型拖联合收获机、插秧机、烘干机保有量增幅分别达到 7.4%、8.2%、6.0% 和 19.5%，远高于普通农机增速，主产区秸秆处理、高效植保、产地烘干能力明显增强；水稻种植和玉米、油菜、马铃薯、棉花收获等薄弱环节机械化率增幅均超过 3 个百分点，农业机械化正向着全面、全程、高质、高效发展。

从国际上看，1990 年美国的大田种植业、荷兰的设施蔬菜和花卉产业、比利时的畜牧业、挪威的水产养殖业是农业 2.0 的模板。以美国大田种植业为例，美国在 20 世纪 40 年代领先世界各国最早实现了粮食生产机械化；在 20 世纪 60 年代后期，粮食生产机械化水平更加提高，达到了从土地耕翻、整地、播种、田间管理、收获、干燥全过程机械化；20 世纪 80 年代初完成了棉花、甜菜等经济作物从种植到收获各个环节的全面机械化；20 世纪 90 年代，美国在种植业、设施农业、农产品加工等全部完成了农业机械化。

2.4 农业 3.0——高速发展的自动化农业

农业 3.0 是农业专业化整合时代，专业化整合是市场经济的产物，也可以说是全球化的产物。随着计算机、电子及通信等现代信息技术以及自动化装备在农业中的应用逐渐增多，农业步入 3.0 时代（见图 2-3）。农业 3.0 即自动化农业，是以现代信息技术的应用和局部生产作业自动化、智能化为主要特征的农业。通过加强农村广播电视网、电信网和计算机网等信息基础设施建设，充分开发和利用信息资源，构建信息服务体系，促进信息交流和知识共享，使现代信息技术和智能农业装备在农业生产、经营、管理、服务等各个方面实现普及应用。与机械化农业相比，自动化程度更高，资源利用率、土地产出率、劳动生产率更高。

大约到了改革开放之后的第三个十年里，工业化和城市化同步疯狂发展。一方面，工业化生产的物资极大丰富，农副产品的销售成为企业不得不考虑的问题；另一方面，城市化吸引了几亿农民进城，乡村开始衰败，人口减少，大量空心村和耕地抛荒问题层出不穷，城乡差别加剧，农村再一次成为社会和政府不得不关注的焦点与难点。

从 2004 年开始，中央一号文件连续 13 年聚焦"三农"，开始从"三农"的制度体系、发展模式、鼓励政策、惠农补贴、实施保障等诸多方面引导农业的走向。于是乎，享受国家专项补贴的设施农业、工厂农业、高效农业等有之；以获得地方政府政策优惠的科技农业、生态农业、休闲农业、循环农业等也有之，可谓百花齐放。其中，这个阶段最受社会关注并取得实质性成果的要数蓬勃发展的休闲农业了。

这个阶段以"知名度高"为目标，出售的主要是优美的乡村环境和可靠放心的农产品。政府不仅取消了存在了几千年的农业税，而且直接利用财政资金改善了农村的道路、水电、村容村貌等硬件环境，全国范围内的知名新农村、新社区、美丽乡村、五星级农家乐、休闲农业示范点、乡村旅游名村等如雨后春笋般出现。可以说，农业的 3.0 时代其实就是"一产+三产"的主流时代，农业 3.0 追求的是经营模式的"新"。

图 2-3 农业 3.0 时代的自动化作业

从我国看，农业 3.0 已经在我国萌芽，按照 70% 的覆盖率即视为完成，预计 2050 年我国可完成农业 3.0。农业 3.0 以单一生产单元的自动化为主要特征，近几年，我国农业互联网、农业电子商务、农业电子政务、农业信息服务取得了如下几个方向的重大进展。

1）生产信息化迈出坚实步伐。物联网、大数据、空间信息、移动互联网等信息技术在农业生产的在线监测、精准作业、数字化管理等方面得到不同程度应用。在大田种植方面，遥感监测、病虫害远程诊断、水稻智能催芽、农机精准作业等开始大面积应用；在设施农业方面，温室环境自动监测与控制、水肥药智能管理等加快推广应用；在畜禽养殖方面，精准饲喂、发情监测、自动挤奶等在规模养殖场实现广泛应用；在水产养殖方面，水体监控、饵料自动投喂等快速集成应用。国家物联网应用示范工程智能农业项目和农业物联网区域试验工程深入实施，在全国范围内总结推广了 426 项节本增效农业物联网软硬件产品、技术和模式。

2）经营信息化快速发展。农业农村电子商务在东部、中部和西部竞相迸发，农产品进城与工业品下乡双向流通的发展格局正在形成。农产品电子商务进入高速增长阶段，2015 年农产品网络零售交易额超过 1500 亿元，比 2013 年增长 2 倍以上，网上销售农产品的生产者大幅增加，交易种类尤其是鲜活农产品品种日益丰富。农业生产资料、休闲农业及民宿旅游电子商务平台和模式不断涌现。农产品网上期货交易稳步发展。农产品批发市场电子交易、数据交换、电子监控等逐步推广。国有农场、新型农业经营主体经营信息化的广度和深度不断拓展。

3）管理信息化深入推进。金农工程建设任务圆满完成并通过验收，建成国家级农业数据中心、国家农业科技数据分中心及 32 个省级农业数据中心，开通运行 33 个行业应用系统，视频会议系统延伸到所有省份及部分地市县，信息系统已覆盖农业行业统计监测、监管评估、信息管理、预警防控、指挥调度、行政执法、行政办公七类重要业务。农村土地确权登记颁证、农村土地承包经营权流转和农村集体"三资"管理信息系统与数据库建设稳步推进。农业部行政审批事项基本实现网上办理，信息化对种子、农药、兽药等农资市场监管能力的支撑作用日益增强。农产品质量安全追溯体系建设快速推进。建成中国渔政管理指挥系统和海洋渔船安全通信保障系统，有效促进了渔船管理流程的规范化和"船、港、人"管理的精准化。农业各行业信息采集、分析、发布、服务制度机制不断完善，创立中国农业展望制度，发布《中国农业展望报告》，市场监测预警的及时性、准确性明显提高。农业大数据发展应用开始起步。

4）服务信息化全面提升。"三农"信息服务的组织体系和工作体系不断完善，形成政府统筹、部门协作、社会参与的多元化、市场化推进格局。农业部网站及时准确发布政策法规、行业动态、农业科教、市场价格、农资监管、质量安全等信息，日均点击量860万人次，成为最有权威性、最受欢迎的农业综合门户网站，覆盖部、省、地、县四级的农业门户网站群基本建成。12316"三农"综合信息服务中央平台投入运行，形成部省协同服务网络，服务范围覆盖到全国，年均受理咨询电话逾2000万人次。信息进村入户工作在全国展开，公益服务、便民服务、电子商务和培训体验开始进到村、落到户。基于互联网、大数据等信息技术的社会化服务组织应运而生，服务的领域和范围不断拓展。

从国际角度看，美国当今的大田种植业、荷兰当今的设施蔬菜和花卉产业、比利时当今的畜牧业、挪威当今的水产养殖业即为农业3.0的模板。以美国大田种植业为例，大农场成为美国农业物联网技术的引领者，在农业物联网技术推广中起着示范作用，研究显示，美国大农场对技术的采用率高达80%，主要利用在以下几个方面：①在智能灌溉方面，通过无线传感器网络收集土壤成分数据及其他环境要素来减少水的浪费；②利用物联网技术监测农作物病虫害等信息，帮助及时农场主采取应对措施；③很多农业机械装有传感设备，方便农民获取信息和进行决策；④物联网技术还可以用于粮仓的自动化管理，农民可以使用它远程管理玉米、种子等散装货物库存。

2.5 农业4.0——即将来临的智能农业时代

农业4.0是资源软整合的农业。在互联网时代，农业通过网络、信息等进行资源软整合，在大数据、云计算、互联网、传感器、机器人基础之上形成智能农业，尤其是以全链条、全产业、全过程的无人系统为特征。农业4.0是利用农业标准化体系的系统方法对农业生产进行统一管理，所有过程均是可控、高效的；农业服务提供者与农业生产者之间的信息通道通过农业标准化平台实现对接，使整个过程中的互动性加强。农业4.0可以通过网络和信息对农业资源进行软整合，增加资源的技术含量，提升农业生产效率和质量。农业4.0时代的智能化作业如图2-4所示。

图2-4　农业4.0时代的智能化作业

随着我国在"三农"领域多年"摸着石头过河"式的探索,基本上解决了绝大部分农村地区的温饱贫困、危房改造、环境整治、吃水用电、交通设施等硬件问题,并在农业的科技研发、惠农政策补贴、农民的观念改进等方面取得了很大的进步。不管是城市人还是农村人,以市场需求为导向,投身农业农村的创业积极性空前高涨,特别是在大城市周边和景区周边,已经形成热点,在个别环节、个别领域和个别区域,农业4.0时代已经悄然来临。

首先,农业4.0表现为第一、二、三产业的"三产"融合互动。通过把产业链、价值链等现代产业组织方式引入农业,更新农业现代化的新理念、新人才、新技术、新机制,做大做强农业产业,形成很多新产业、新业态、新模式,培育出了新的经济增长点,即发展"第六产业"。第六产业做的不是简单的"1+2+3",而是综合乘数效应。

其次,农业4.0表现为农业、农村和农民的"三农"融合互动。农业根植于农村,养育着农民,"三农"共生共存,就像人身体的肌肉、骨骼和血液一样不可分割,任何将三者孤立开来的考虑和发展最后都会失败。不管是家庭农场、专业大户、农民合作社、农业产业化龙头企业都必须放在"三农"的背景下,通过发展农业4.0,带动农村的乡土文化复兴,带动农民的富裕小康,实现"三农"的统筹发展。

再次,农业4.0还表现为生产、生活和生态的"三生"融合互动,以及城与乡、工与农、知识与资本、线上与线下等社会多要素的融合互动。在三产融合、三农融合的基础上,投资者和经营者还要置身于时代大背景和消费大环境下,开发实现以城带乡、以工促农、生活工作两不误、知识和资本平等互换、线上和线下共同营销推广的泛农产品。农业4.0不仅提供的内容是丰富的,模式也是多样的,诸如乡村文创、互联网技术、众筹、私人定制、绿色共享理念等都将成为农业4.0时代的标签。

农业4.0是靠知识和资本推动的,是以先进的发展理念和商业模式为前提,以新技术、新机制、新人才和新资本下乡为内容,以城乡统筹和社会资源大融合为目标的现代化"三农"解决方案。农业4.0以全社会"共赢共享"为目标,出售的不再是某一系列农村产品,而是一种让人向往的乡村生活方式。不管是参与、共享,还是体验、购买,均伴随着一种情怀。因此,农业4.0追求的是体验的"广",旨在打造一个泛农业的生态圈,充分进行资源的软整合。

从信息化的角度看,农业4.0具备以下特征:

1)农业4.0是无人的生产系统。农业4.0的最核心技术是人工智能和无人系统技术,农业物联网使得物与物、物与人之间的联系成为可能,使得各种农业要素可以被感知、被传输,进而实现智能处理与自动控制。运行在农业生产活动中的不再是传统的农具和机械,而是通过物联网技术连接起来的自动化设备,传感器、嵌入式终端系统、智能控制系统、通信设施通过信息物理系统形成一个智能网络系统,可实现种植养殖环境信息的全面感知,种植养殖个体行为的实时监测,农业装备工作状态的实施监控,现场作业的自动化操作以及可追溯的农产品质量管理,使得农业装备、农业机械、农作物、农民与消费者之间实现互联,互联网+农业的特征日趋明显。

2)农业4.0是信息技术的集成。农业发展过程中的电脑农业以农业专家系统为核心,精准农业以3S技术⊖为核心,数字农业以电子技术和决策支持系统的应用为核心,但本质上都不需要整个信息技术的集成应用,而农业4.0的实现靠单一的信息技术是完不成的,其实现需要整个信息技术集成应用,包括更透彻的感知技术、更广泛的互联互通技术和更深入的智能化处理技术,实现农业全链条中信息流、资金流、物流的有机协同与无缝连接,农业系统更加有效和智能的运转,达到农产品竞争力强、农业可持续发展、有效利用农村能源和环境保护的目标,凸显整体系统的最优。

3)农业4.0实现泛在的智能化。如果说农业3.0解决了农业的局部自动化与智能化,那么农业4.0重要特征之一就是实现农业全链条、全过程、全产业、全区域泛在的智能化和无人化。农业全链条全过程的智能化是指农业产前生产资料优化调度、使用,产中各种农业资源和农业生产过程的配置和优化,产后农产品的加工、包装、运输、存储、物流、交易的成本优化,最终实现全链条的整体智能化,即成本最低、效率最高、生态环境破坏最少。全产业的智能化是指与农业生产相关的各产业达到人员、技术、装备、资金、体系、结构实现最优配置,确保产业的竞争力。全区域的智能化是指在单个企业、单个种植或养殖单元

⊖ 3S技术是遥感技术、地理信息系统和全球定位系统的统称。

第 2 章 1.0~4.0 踽踽前行的农业之路

实现自动化和智能化的基础上,如何实现整个区域的资源最佳配置、生产过程的最优化以及成本的最优控制,通常区域智能化与整体的智能化是建立在单元智能化基础上,通过链条和产业的智能化,逐步实现大区域或整体的智能化。

4)农业 4.0 是现代农业的最高阶段。农业 4.0 中现代信息技术的应用不仅仅体现在农业生产环节,它会渗透到农业经营、管理及服务等农业产业链的各个环节,是整个农业产业链的智能化,农业生产与经营活动的全过程都将由信息流把控,形成高度融合、产业化和低成本化的新的农业形态,是现代农业的转型升级。实现规模化的畜禽养殖场建设,日光温室、批发市场、物流中心的转型升级,工业化生产线和大型制造商的介入使农业生产更加产业化,各类技术的高度融合使农业生产更加低成本化。土地生产的成果不再是化肥农药超标、普通的农产品,更多的是质量提高、产量提高且更接近自然的无公害产品。因此,农业 4.0 是现代农业的最高阶段,但随着技术的进步,可能会出现农业 4.0 的初级、中级、高级和终级等不同时期。

美国约翰·迪尔公司是农业 4.0 实践的典型代表企业(见图 2-5),约翰·

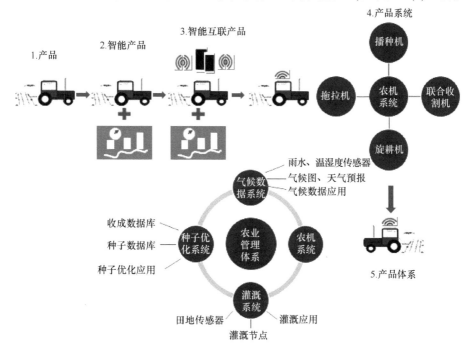

图 2-5 美国约翰·迪尔公司的农业 4.0 实践

迪尔公司通过和爱科公司合作，不仅将农机设备互联，更连接了灌溉、土壤和施肥系统，公司可以随时获取气候、作物价格和期货价格的相关信息，从而优化农业生产的整体效益。

参 考 文 献

[1] 李道亮. 互联网＋农业：助推农业走进4.0时代［J］. 农业工程技术，2016（03）：25-28.

[2] 中国科技网. 美国：农业物联网将引领下一个农业时代［EB/OL］.（2015-11-29）［2017-2-15］. http：//www.chinasouth.com.cn/s/1138-3840-33269.html.

[3] 曲维枝. 信息社会：概念、经验与选择［M］. 北京：经济科学出版社，2005.

[4] 李道亮，张立伟. 农业信息技术与现代农业发展［J］. 中国农村科技，2007（12）：30-31.

[5] 詹嘉放. 信息技术在农业生产产前、产中和产后阶段的应用［J］. 广东农业科学，2010（02）：231-234.

[6] 温铁军，张俊娜，邱建生，罗加铃. 农业1.0到农业4.0的演进过程［J］. 当代农村财经，2016（02）：2-6.

[7] "互联网＋创新2.0"创新引擎推动农业现代化——《办公自动化》杂志社举办创新2.0与农业4.0研讨会［J］. 办公自动化，2016（01）：7-14.

[8] 曹建军，黄丽. 借力"互联网＋"迈进农业3.0时代［J］. 江苏农村经济，2016（10）：44-45.

[9] 温铁军. 发展农业4.0版的现代化［J］. 农村工作通讯，2015（24）：51.

[10] 王印红，谭章禄. 信息技术时代企业信息化阶段模型研究［J］. 管理现代化，2007，03：32-34.

[11] 农业4.0是中国现代农业必经之路［J］. 江苏农村经济，2015（11）：65.

[12] 蒋圣华. 2015，农业4.0元年［J］. 中国农村科技，2015（11）：20-23.

[13] 刘凯，侯金波，杨倩倩，刘振华. 泓森物联网解读智慧农业4.0模式［J］. 南方农业，2015（30）：250-251.

[14] 秦志伟. "农业4.0"：现代农业的最高阶段［J］. 江西农业，2015（09）：20.

[15] 王铁军. 开启中国农业4.0新时代［J］. 农经，2015（07）：9.

第3章
前路漫漫——农业4.0的发展路线图

不知不觉,中国农业依托互联网高速发展,正在从早期的1.0小农经济时代大踏步迈向4.0高度智能化时代,古老的农业焕发出了新的生机。中国农业从1.0到4.0时代,构成了一幅绵延不绝、恢宏壮观的农业发展图景,其路漫漫,其势可期。每一次农业代际的跃升都离不开农业发展演进所固有的规律,而技术在其中扮演的角色尤为重要。

3.1 农业代际演进的基本规律

从农业的1.0到4.0不仅是一个时间阶段的概念,也不仅是一种生产方式的更新,更是代表了一种农业商业模式因时因地的演变。无论是将农业1.0至4.0定义为传统农业1.0、机械化农业2.0、自动化农业3.0、智能化农业4.0,还是定义为个体农业1.0、大规模农业2.0、专业领域整合的农业3.0、资源整合的农业4.0,都不足以完整地阐述农业1.0至4.0真正的内在含义。只有把握演进的动因和特征,才能更好地认识农业代际演进的基本规律。

3.1.1 农业代际演进的基本动因

农业1.0到4.0的代际演进是多种因素共同作用的结果,如果将这种演进视为一个受力运动的过程，那么可以采用推力、引力、压力三种不同作用方向和作用效果的力的合成来解构从农业1.0到4.0演进的基本动因（见图3-1）。

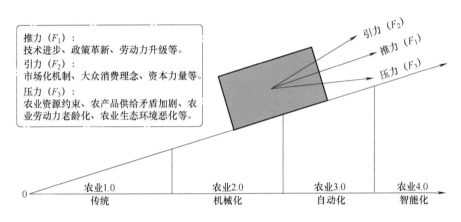

图3-1　农业1.0~4.0代际演进示意图

对农业代际演进起到直接推动作用，在正向起主导作用的力，可以称之为农业代际演进的推力。农业代际演进的推力主要体现在三个方面，分别是技术进步、政策革新和劳动力升级，这三个方面的推力是触发农业代际跃升临界点的关键因素。其中，技术进步作为农业发展的基础与核心要素，在推力中处于绝对主导的地位；政策革新从宏观层面推动农业代际演进；劳动力升级是农业代际演进内源性的根本推力。

农业的代际演进不仅受到农业内部系统的影响，作为经济社会发展的基本支撑，农业发展还强烈的受到整个经济社会发展的影响，特别是当农业发展逐步迈向高阶后，市场化机制、大众消费理念、资本力量等在一定程度上诱使农业变换发展模式，按照新的更加有效的模式进行演进，这些因素可以称之为农业代际演进的引力，通常与推力相互响应，交替激发农业不断向高阶演进。

在农业代际演进过程中，并非只有正向作用的力才能驱使农业发展，一些与农业发展息息相关的外部或准外部环境趋于严峻后，往往会对农业发展提出新要求，迫使农业不断进行转型升级，这种以外部挤压方式存在的作用力可以称之为农业代际演进的压力。农业资源约束、农产品供给矛盾加剧、农业劳动力老龄化、农业生态环境恶化等都构成了农业代际演进的压力，是农业发展不可或缺的外部作用力。

3.1.2 农业代际演进的主要特征

推力、引力、压力是农业1.0到4.0演进的基本动因,当上述动因的各种要素共同作用,累积到一定程度时,会触发两个相邻农业代际的临界点,进而产生农业代际的跃升。对于农业代际跃升临界点的描述,可以使用农业资源利用率、劳动生产率、土地产出率的具体数值来测度,即农业发展的推力、引力、压力共同作用导致农业"三率"变化,从而触发农业代际跃升。

农业"三率"与农业1.0到4.0对应数量关系的研究结论尚不明确,但是大体上可以用每个农业代际的持续时间、主要瓶颈和发展新动能进行定性描述。从持续时间来看,农业代际越高,当前代际持续的时间越短,向下一代际的跃升越快。从主要瓶颈来看,随着农业代际的提高,农业发展所面临的瓶颈也会发生相应的转移,不同代际面临的瓶颈有所不同,但是代际更替中技术的作用越来越关键,也是发展瓶颈主要体现之一。从发展新动能来看,每一个农业代际所面对的外部因素具有较大差异,这种外部因素在农业代际演进中的作用越来越重要,成为牵引农业升级不可或缺的主要动能,比如机制、理念以及资本等。

放眼历史长河,农业代际的演进是一种缓慢变化的过程,没有特别清晰的分界点。以美国为例,20世纪80年代,美国就已经提出将机械化、人工智能运用于农业生产中,20世纪90年代,美国农业互联网高速发展,如今美国80%的大农场早已普及了农业互联网技术,他们通过机械化、自动化的设施,仅仅只靠3个人就能够完成1万英亩土地的管理和玉米收割,效率大大提高。

当前,我国农业表现出新的特征,这些特征是我国农业处在代际转换、并行阶段的重要标志:①农业生产者不再只有农民,还出现了新农人,他们运用更先进的知识和技术进行创新创业,加入了新的经营理念;②传统劳动工具接近废弃,物联网带来了全新的自动化设施和装备,省时省力,高效集约;③土地原产出的食用功能在衰弱,粮油蔬菜等基本农产品早已不能满足人们的需求,健康、无公害成为新的追逐点,精细化、差异化经营是大势所趋;④来自政府高瞻远瞩的设计影响深远,各级农业部门已经把互联网作为解决农业问题的重要途径,倒逼农业改革,从历年的一号文件到各地各部门制定的惠民政策、法规等，可见政府在农业变革中起着关键性的作用；⑤互联网、高科技的投入势头凌厉，农业领域涌现大量网络科技公司，将技术运用于农业领域，创造了农业领域的空前繁荣，特别是物联网技术应用、农产品电商成为农业变革的突出贡献者。

3.1.3 农业代际演进的状态分布

从时间维度来看，我国农业发展的地区差异将长期存在，因而我国农业形态从 1.0 到 4.0 多阶段并行状态也将长期存在。按照 70% 实现作为进入下一时代的基本标志，总体上我国正处在农业 1.0 长期存在、农业 2.0 普及推广、农业 3.0 成熟提升、农业 4.0 示范应用的并行推进时期，即将整体进入农业 3.0 时代。

从地域维度来看，我国幅员辽阔，区域发展不均衡，因而各地所处的农业代际有所不同，从农业 1.0 到 4.0 在各地均有不同程度的分布。按照 70% 的代际特征表现作为当地所处农业代际的判定标准，农业 1.0 到 4.0 在全国范围的分布比例大致为 20%、66%、13% 和 1%，同样表明我国即将迈入农业 3.0 时代。全国范围农业 1.0~4.0 代际演进趋势如图 3-2 所示。

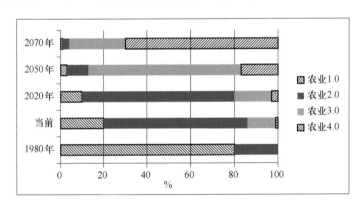

图 3-2　全国范围农业 1.0~4.0 代际演进趋势

当前（2016 年）农业 1.0 在全国范围内占 20% 左右，主要位于我国西部四川、贵州、甘肃、青海、新疆、广西、内蒙古、云南和西藏等生产条件较差的区域。农业生产方式总体上是人力手工作业居于主导地位的阶段，只在某些农作物的某些生产环节开始应用简单的农业机械装备，并且这种落后的生产方式还可能在一定时期内存在下去,这一时代曾经100%存在于我国农业发展史上很长一段时间,最终会自然消亡或者转变为体验式农业。

当前（2016年）农业2.0在全国范围内占66%左右,是我国当前农业主代际阶段,主要位于粮油、蔬菜、棉花等大宗农作物的主产区,以中东部地区、西部平原地区、新疆生产建设兵团、东北垦区等为主。农业机械已在我国绝大多数农作物的主要生产环节广泛应用,小麦、水稻和玉米三大作物的机械化水平较高,小麦生产基本实现了生产全过程机械化,大豆、马铃薯、油菜、花生、棉花、甘蔗等经济作物和设施农业、畜牧业、渔业、林果业的生产机械化取得新进展。我国当前正处于农业2.0的跃升临界期,我国农业机械化率2016年已经达到66%,农业部提出2020年达到68%的目标,事实上很有可能在2020年就提前实现70%的农业机械化率,基本完成农业2.0的普及,正式迈向农业3.0时代。

当前（2016年）农业3.0在全国范围内占13%左右,主要分布在沿海和东部地区、中西部经济发达地区,以示范应用为主,在新型农业生产经营主体规模化种养殖区域已有较大规模的推广应用,上述地区已经在基本实现农业2.0的基础上提前迈入了农业3.0阶段。由于信息技术的应用,农业信息化生产、经营、管理、服务水平都有显著提升,农业产业链发生了深刻的变革,如农业物联网应用、农产品电子商务、信息服务进村入户以及农业电子政务,这些都在深刻地变革着农业生产方式以及农民生活方式。农业3.0的推动以政府推动为主,农业部实施的北京设施园艺物联网、黑龙江水稻种植物联网、江苏水产养殖物联网、天津设施园艺和水产养殖物联网、上海农产品质量追溯物联网、安徽省小麦"四情"监测物联网项目,都是围绕农业3.0进行的积极探索。我国农业当前的最具活力的阶段即为该阶段,还有很大的发展空间和不足。

当前（2016年）农业4.0在全国范围内占还不到1%,是个别环节、个别企业、个别领域在实验应用。主要分布在农业现代化产业园区的实验基地,以高等院校、科研院所的试验示范为主,还不具备推广应用的条件。农业4.0在综合了物联网、云计算、大数据、移动互联网等先进技术的基础上,开始融入空间地理技术和人工智能技术,无人化特征明显,将逐步完成机器人对人的代替,对数据、网络、农业生产作业模型的依赖越来越强,这也是我国农业未来提升的终极方向。

3.2 农业代际演进的技术依赖

技术始终是农业发展的基础与核心要素，从农业1.0到4.0，代际越高，对技术的依赖越强。农业代际演进对技术的依赖完全符合技术成熟度曲线所呈现的原理，一定程度上技术发展路线图代表了农业代际演进的总体情况。

3.2.1 技术成熟度曲线的基本原理

技术成熟度曲线又叫技术循环曲线，是指新技术、新概念的社会认知、产业生命力随时间的变化曲线，最早由高德纳（Gartner）咨询公司创立（见图3-3）。技术成熟度曲线很好地展示了创新向可行性迈进的过程，它并没有从创新者的角度来直接描述创新，而是采用了应用者的角度，因而是最真实的技术发展路线图。

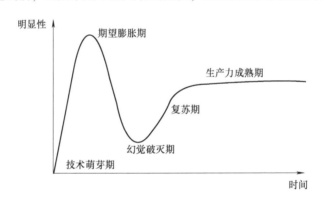

图 3-3　Gartner 技术成熟度曲线

技术成熟度曲线把各种新技术的成熟演变速度及要达到成熟所需的时间分成5个阶段，最开始是由技术突破引发的技术萌发期，然后是期望膨胀期，再接着是当这些不切实际的期望达到顶峰后，因无法实现，从而进入幻觉破灭期。随着时间的推移，一个或几个实施者会取得某种程度的成功，促进该技术进入复苏期，市场关注度逐步上升，技术应用不断扩大。最后在生产力成熟期，主流应用开始形成，赢得稳定的市场关注度，原始创新的目标开始接近于实现，得以广泛应用。

如果将技术成熟度曲线与商业资本和媒体热度进行关联，能够更清晰地看出技术创新的发展演变规律，同样分为五个阶段（见图3-4）：第一阶段为萌芽期，市场对新技术产品和概念开始初步了解，并表现出兴趣，第一代产品诞生，往往价格居高，并且会有大量的定制需求优化的地方，大量的创业公司成立，并得到第一轮风险投资；第二阶段为过热期，大量的媒体对该技术进行大肆宣传，市场对新技术反应狂热，纷纷讨论该技术，新技术产品扩大生产，该阶段末期，随之而来的一些问题开始显现，例如技术的缺点、限制等；第三阶段为低谷期，由于新技术没有达到人们的预期，市场的兴趣下降至谷底，技术泡沫破裂，部分技术就此消失，初创企业在该阶段进行整合和淘汰，能够存活的企业得到了第二轮融资。在该阶段，第二代产品和服务问世，经过对技术的改进，企业对该技术的适用范围和限制有了客观实际的了解；第四阶段为复苏期，能够存活下来的新技术开始被广泛接受，企业探索出能够获得成功的技术应用和最佳的经营模式，第三代产品问世，并逐渐走向成熟，能够迎合人们的期望；第五阶段为成熟期，该技术已经稀松平常，市场对该技术的采用率达到稳定期，更多的潜在用户转化为该技术产品的消费者。

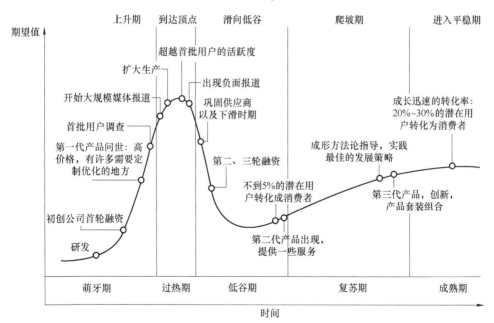

图3-4 技术成熟度曲线的商业呈现

3.2.2 农业代际演进的技术发展趋势

截至 2017 年,高德纳(Gartner)咨询公司发布的最新的技术成熟度曲线是 2016 版(见图 3-5),比较 2008 版至今连续九年的技术成熟度曲线,可以发现,大数据、云计算、物联网、人工智能等技术仍是未来促使农业代际演进的主要技术。

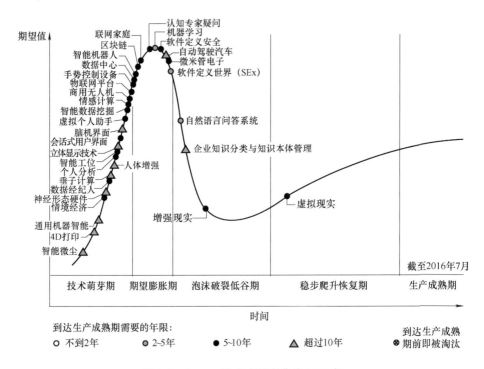

图 3-5　Gartner 技术成熟度曲线 2016 版

1. 大数据

高德纳公司(Gartner)对"大数据"的定义是指需要新处理模式才能具有更强决策力、洞察发现力和流程优化能力的海量、高增长率和多样化的信息资产。2013 年,大数据位于技术成熟度曲线的顶峰,而 2014 年大数据已由过热期转向低谷期,2016 年大数据因不再是新技术而消失,但大数据技术依然保有生命力,距离达到成熟期还有 5～10 年时间。近年来,市场围绕大数据的炒作不断升温,很多企业也的确面临数据量激增的现实困境,但是大数据技术并非仅仅是数据量大的问题，其核心还是在于数据挖掘背后所能产生的价值。在经历了一段热潮之后，大数据的概念开始转向低谷期，大数据的应用将逐步落地。

农业信息化与大数据密不可分。目前，农业领域已经积累了海量的信息数据，但农业领域对大数据的认识还不够深刻，现有的数据价值并未充分发挥出来，农业大数据面临着"用什么、怎么用"的问题。农业大数据就像是正在修建的水库一样，即这个水库中的水不仅是活的水，还必须有来源；有了来源还不行，还必须有出处和应用。

目前，已经有不少涉农机构、企业进行了初步探索。从领域来看，以农业领域为核心（涵盖种植业、林业、畜牧水产养殖业、产品加工业等子行业），逐步拓展到相关上下游产业（饲料、化肥、农药、农机、仓储、屠宰业、肉类加工业等），并将整合宏观经济背景数据，包括统计数据、进出口数据、价格数据、生产数据、气象数据、灾害数据等；从地域来看，以国内区域数据为核心，将借鉴国际农业数据作为有效参考，同时不仅包括全国层面数据，还将涵盖省市数据，甚至地市级数据，为区域农业发展研究提供基础；从广度来看，不仅包括统计数据，还将包括涉农经济主体基本信息、投资信息、股东信息、专利信息、进出口信息、招聘信息、媒体信息、地理空间坐标信息等；从专业性来看，不仅将分步构建农业领域的专业数据资源，还将逐步有序规划专业的子领域数据资源。

总的来讲，大数据作为新一代信息技术，在农业领域的应用任重道远。大数据不仅充满了挑战和未知，也充满了更多期待和憧憬。农业作为中国的基础产业，面临着农产品需求不断增加、资源紧缺、气候变化导致灾害频发、生态安全脆弱、生物多样性持续下降等严峻挑战，夯实以农业物联网、云计算、大数据、人工智能等技术为核心的农业信息化基础，提升以大数据为支撑的农业信息化服务，将推动农业加快迈向智能农业新时代。

2. 云计算

云计算于2009年登顶技术成熟度曲线。经过五年的时间发展，在2014年的技术成熟度曲线中，云计算被细分为混合云计算和云计算，且两者均处于低谷期，距离成熟只需2~5年。2016年，由于关于云计算的安全性问题的负面报道，云计算已经不是市场炒作的热点，企业加大安全性和易用性的研发力度，对云计算的采用也更加谨慎。

目前，大多数涉农互联网公司都布局了各自的云计算中心，为企业、个人提供了云平台服务和解决方案。通过骨干网络等基础设施建设的配合，对农业生产的各种要素进行数字化设计、智能化控制、精准化运行、科学化管理，实现云服务将与农业发展紧密结合，从而推动农业信息化的建设。农业生产方面，可以指导生产者、经营者和管理者使农产品顺利进入市场，实现农业增产、农民增收；在农民生活方面借助信息传播媒体，设计并提供针对农村、农业、农民特点和使用习惯的软件与服务，以提高农民生活质量。

未来，云计算和大数据将为新农人便捷、低成本地使用计算资源打开方便之门，就像使用水、电一样。农业云计算与大数据的集成和未来的挖掘应用对于现代农业的发展具有重要作用，农业云计算将释放农业大数据的生产力价值，不仅为农民的农村生产和生活提供方便，而且可以为生产发展和政府决策提供科学、准确的依据。通过云计算实现"大数据驱动"的农业，必然使得农民的生产活动变得更有效率、更开放、更精细。同时，基于大数据的分析，也能够帮助政府有效监控各项农业政策的实施情况，及时纠正农业生产中的偏差和失误，为农业的无人化提供技术支撑。

3. 物联网

在 2012 年、2013 年的报告中，物联网仍需 10 年以上才能达到成熟期，而从目前发展来看，物联网只需要 5~10 年时间就会达到这个最终成熟阶段。物联网位于 2014 年技术成熟度曲线的最顶峰，消失于 2016 年技术成熟度曲线，转而以物联网平台的名义出现在技术萌芽期。

新兴技术正在改变人们定义和使用平台概念的方式，物联网平台与神经形态硬件、量子计算、区块链将共同开启平台化趋势，预示着物联网领域即将爆发平台革命。在这个趋势中需要跟踪的关键平台实现技术有从技术基础设施到生态系统平台的转变，奠定了较新的商业模式基础，正在形成人类和技术之间的桥梁。在这些动态生态系统中，组织必须主动了解和重新定义他们的战略，以建立基于平台的商业模式，并利用内部和外部的运筹帷幄的方法以产生价值。

在即将到来的物联网平台时代，各企业正在致力于增加物联网终端种类，寻求更好效益，同时发觉新的商机和盈利模式。由于这些因素的交互作用，企业需要不断增加先进技术资源以达到相应的成熟度、规模和商业价值。大规模物联网平台可以实现基础和高级的物联网方案和数字化商业操作。物联网平台以一个混合方式部署，它将与基于云的元素（无论是私人的还是公共的）和分布于终端和网关之间的本地软件合并，这些特点对于复杂异常的农业领域具有特殊重要的意义。

不远的将来，物联网安全、物联网分析技术、物联网设备（物件）管理、低功耗短程物联网网络、低功耗广域网络、物联网处理器、物联网操作系统、事件流处理、物联网的标准与生态系统都将伴随物联网平台的发展而产生，物联网平台能将物联网系统中诸多基础架构元件捆绑成单一产品。这类平台所提供的服务可分为三大类：①低级设备控制与营运，包括通信、设备监测与管理、安全与固件更新；②物联网资料的取得、转换与管理；③物联网应用程序开发，包括事件驱动逻辑、应用程序设计、视觉化、分析技术以及用来连结企业系统的适配器。

2000 年全球共有 5.2 亿个农场，其中没有一个农场连接到物联网。自 2000 年以来，物联网快速发展，传感器在农业领域的使用发生了重大转变。据预测，2025 年全球 5.25 亿个农场将使用 6 亿个传感器，2035 年与 2020 年相比，传感器使用量将增长 3 倍以上。这种通过物联网技术开启的智能风暴，将让农业实现"环境可测、生产无人、质量可溯"的目标，确保农产品质量安全，引领现代农业发展。

4. 人工智能

2016 年，共有 16 项新兴技术被首次引入，其中人工智能技术占比超过 50%，包括通用机器智能、情境经济、神经形态硬件等；同时，虚拟个人助理和智能机器人两项人工智能技术在曲线上前移明显，智能机器人领域的大规模并购和融资加速产业成熟。

智能机器人即以电动机械的形式存在的智能机器，它们可以在物质世界中独立工作，同时在短时间内就可以完成学习。既可以通过在人类监督条件下训练和示范学习，也可以从有监督的工作中进行经验学习。智能机器人可以感知自己周围的环境条件，识别并解决基本问题。一些智能机器人有专门的运行方式，如嫁接、收获机器人，而其他一些智能机器人具有更常见的运行方式和先进的感知能力。由于在强大的计算能力、海量数据、深度神经网络方面前所未有的进步，拥有智能机器技术的企业能够充分利用数据，调整适应新环境，解决前人从未遇到的问题。因此，智能机器技术为代表的人工智能将是未来10年里最具潜力的一类技术。

人工智能已成为自动化、电气化和信息化之后新一轮工业革命的基石，而人工智能的应用亦非仅在工业领域，在人类最古老的农业领域，同样将有杰出的表现，将大大加速农业4.0智能化农业时代的到来，实现农业的无人化。人工智能控制下的机器人能够自主收集各类农业数据信息，从PB级[注]的数据中通过深度学习算法洞察种植时间、灌溉、施肥以及畜牧相关的决策，最终提高土地产出率和劳动生产率。人类已经利用了地球上几乎所有可用的农业用地，然而联合国预计到2050年全球人口将达到97亿，世界食物产量至少需要提高50%。因此，为了满足未来全球对粮食的需求，非常有必要提高农作物产量。机器学习技术可以被用来分析来自无人机和卫星图像、气象模式、土壤样本和湿度传感器的数据，并帮助确定播种、施肥、灌溉、喷药和收割的最佳方法。基于农作物产量、作物投入成本节省、乳品/畜牧成本节约、分拣和劳动力节约的潜在增长，仅在农作物种植领域，以机器学习为基础的人工智能技术可以提高70%的农作物产量，消除全球人口增长带来的食物危机。

3.3　农业代际演进的动态跃迁

农业代际演进是一个漫长的渐进过程，技术的发展和商业模式的演替，不断推动农业从低代际向高代际发展，各个代际的影响程度相应呈现此消彼长。当某一代际发展演进到一定程度时，量变引起质量，自然进入下一代际，从而实现农业代际的动态跃迁。

3.3.1　从农业1.0到2.0：虫蠕龟行

毫无疑问，我国传统的农业1.0时代极其漫长，并且还将绵绵无绝期。在

[注] 1PB = 1024TB，1TB = 1024GB。

农业 1.0 时代，无动力的农业机械很早就进入了农业生产，只是到了新中国成立后，特别是改革开放后，大型综合型农业机械被广泛使用，农田里出现了机器的轰鸣，标志着一个农业生产新时代的来临。

农业 1.0 时代是漫长的，从农业 1.0 到 2.0 的跨越同样是一个漫长的过程，经历了无动力机械和动力机械的双重介入。预计 2020 年，我国农业机械化率将提前突破 70%，也就是农业 2.0 时代将在 2020 年完全实现。然而，有动力的农业机械并不是农业机械化的终点，如何实现农业机械自动化作业，这就要开启一个新的农业时代，用信息化与机械化的融合来实现。

3.3.2 从农业 2.0 到 3.0：随风潜入

从农业 2.0 的机械化到农业 3.0 的自动化演进过程中，机械化与自动化互相交替激励，以信息化的方式形成两个时代的软连接，这两个时代在一定程度上是相伴共进的。早期的机械化没有信息化的支撑，只是用机器代替人的纯劳力替换。机械化附着信息化后，机械的使用开始转向自动化，劳动力在一定程度上被释放了出来。

然而，自动化的内涵外延要远远高于机械化，除了支撑机械化，信息化驱动下的农业还在向更高的智能时代跃进。由于信息化的支撑，农业 2.0 时代得以延长，为机械化赋予了自动化的特征。同样由于机械化的灼灼光彩，农业 3.0 时代的到来显得十分隐约。农业 3.0 时代并未完全实现，还处于加速成熟期，预计 2050 年前后，农业 3.0 的才能达到基本实现的 70% 普及率。

事实上，农业 3.0 时代是农业信息技术发展到一定阶段的产物，也是农业生产方式升级的标志。从发展历程来看，农业信息技术的发展除了需要信息化基础设施外，还离不开农业机械化、设施化、装备化等应用环境。随着大量信息化基础设施的普及，以及适宜信息技术在农业领域开展应用的环境条件的完善，信息技术才开始被应用于农业领域，并逐步成为现代农业发展的主流和方向。

在基础设施建设阶段，农业机械化、设施化和装备化几乎是同步发展的，只是程度和水平在不断提高。从简单的大棚种植到连栋温室再到全自动现代温室，从拖拉机、旋耕机等简单的农业机械到配置 GPS 导航系统的联合收割机等大型综合农业机械，都是在为农业信息技术的应用创造基础和条件，发展的结果也都是机械化向自动化的转变，主要表现为实现自动化及物联网技术的广泛应用。需要注意的是，该阶段的自动化只是各个生产经营单位自身的信息化，往往只发生在一个单元内部，比如某一生猪养殖场实现了自动化。

3.3.3 从农业 3.0 到 4.0：巅峰一跃

农业 4.0 是一个新兴事物，我国目前还处在"概念的界定、内涵的丰富、示范工程设计"这一阶段。农业 4.0 是一个技术为王的农业时代，显著特点是无人化，是对现代信息技术的高度集成，投资大，风险也大，具有典型的木桶效应。农业 4.0 的发展以互联网、物联网、大数据、云计算、人工智能技术为关键，迎合现代农业的发展需求是农业 4.0 走向现实的必经之路。

从农业 3.0 到 4.0 的跨越在时间维度上很难分清界限，农业 3.0 的后期与农业 4.0 的初期几乎是重叠的。然而，农业 4.0 与农业 3.0 有着本质的差别，从农业 3.0 到 4.0 的巅峰一跃对技术进步的要求极其苛刻，既要求物联网、大数据、云计算、人工智能、机器人等信息技术的协同，还要求数据信息与动植物生长性状等生物学特征进行精准匹配，完全是数字驱动的农业时代，这将是一个技术为王的终极农业时代，这个 4.0 时代的实现即达到 70% 的普及率预计将要到 2070 年。

在农业 3.0 时代，自动化以单项信息技术的应用为主，技术应用刚刚起步，产品稳定性不够，智能化程度不足，人工辅助的成分比较多。在具体的应用过程中，技术正在加速改进过程中，新技术对应的产品或服务将逐步趋于稳定可靠，性价比也会不断提高，为下一阶段大规模推广应用和综合集成应用奠定基础。

信息技术综合集成应用阶段必然要建立在单项信息技术较为成熟、应用较为普遍的阶段之上，这一阶段可能仍然处在一般技术的起步，或刚刚开始跨入一般技术的成熟阶段。由于多项信息技术综合集成的投入需求较大、技术难度更高，这一阶段的技术使用者将以涉农企业为主。为了提高综合集成效果，仍然需要加大具有可集成性单项信息技术的开发，通过配套应用不断进行综合集成。

单向信息技术趋于成熟后,信息技术就开始迈向综合集成应用阶段,这一阶段对应的是农业3.0的高级阶段。在该阶段,新技术对应的产品或服务主要应用在不同行业的重点领域,尚未形成规模化应用,只是综合集成应用的开端。一旦关键技术突破后,将进入综合集成应用阶段的中后期,开始围绕产业关键环节进行综合集成,产品或服务逐步成熟,应用规模快速扩大。但是在这一阶段,无论综合集成度多高,往往只是以解决单个生产单元的问题为主,局限在某一个生产环节,信息技术应用成效仍然无法最大化。

当农业信息技术的综合集成应用到达一定程度后,预示着农业3.0时代在技术维度的完全确立,开启农业4.0时代农业信息技术的全面融合创新,即包括移动互联网、大数据、云计算、物联网、人工智能、机器人、智能装备等新一代信息技术彼此之间的相互融合,以及农业信息技术与金融、电商等业态的跨界融合。在全面融合的过程中,信息技术深度渗透到农业生产、经营、管理、服务等各个环节,并实现全区域的多个生产单元的整合和优化,超越了时间和空间的限制。

在全面融合创新阶段,也就是农业4.0时代,信息技术与农业高度匹配,例如通过各种成熟稳定的无线传感技术,实时采集农业生产现场的光照、温湿度、CO_2浓度等参数以及农作物生长状况等信息,并将采集到的数据汇总整合,通过智能系统进行定时、定量、定位处理,及时精确地遥控相关农业设施设备自动开启或关闭,实现智能化的无人农业生产。在该阶段,已经各自独立实现信息化的生产经营单位彼此联结,形成一个整体的网,从一个单元的自动化扩展到了多个单元相互联系的自动化,例如多个生猪养殖场互相联网,动态调整修正生猪的生产经营,实现了高度的智能,使农业活动对人的依赖大大降低。

更具有变革意义在于农业4.0时代,信息技术不仅作用于生产段,还贯通了农业的六个维度,串联起了农业生产的产前、产中、产后,在技术综合集成应用的基础上,在应用领域方面也实现了综合集成,甚至实现了对用户和市场的综合集成,能够根据农业产业特点,通过若干相关技术的灵活组合,同时作用于农业生产的不同环节,并且能够将信息技术与动植物本身的性状进行融合,建立有效的智能反馈,实现全行业、全环节、全要素的应用,这是一个农业全面智能化的时代,标志着现代农业生产方式的完全确立。

参 考 文 献

[1] 李道亮,张立伟.农业信息技术与现代农业发展[J].中国农村科技,2007(12):30-31.

[2] 詹嘉放.信息技术在农业生产产前、产中和产后阶段的应用[J].广东农业科学,2010(02):231-234.

[3] 温铁军,张俊娜,邱建生,等.农业1.0到农业4.0的演进过程[J].当代农村财经,2016(02):2-6.

[4] "互联网+"创新2.0创新引擎推动农业现代化——《办公自动化》杂志社举办创新2.0与农业4.0研讨会[J].办公自动化,2016(01):7-14.

[5] 曹建军,黄丽.借力"互联网+"迈进农业3.0时代[J].江苏农村经济,2016(10):44-45.

[6] 温铁军.发展农业4.0版的现代化[J].农村工作通讯,2015(24):51.

[7] 王印红,谭章禄.信息技术时代企业信息化阶段模型研究[J].管理现代化,2007,03:32-34.

[8] 农业4.0是中国现代农业必经之路[J].江苏农村经济,2015(11):65.

[9] 陈一飞.农业复杂大系统的智能控制与农业物联网关系探讨[J].农业网络信息,2012(02):8-12.

[10] 张震.未来科技行业发展趋势研究——基于Gartner新兴技术成熟度曲线推演[J].科技展望,2017(08):104-106.

[11] 蒋圣华.2015,农业4.0元年[J].中国农村科技,2015(11):20-23.

[12] 刘凯,侯金波,杨倩倩,等.泓森物联网解读智慧农业4.0模式[J].南方农业,2015(30):250-251.

[13] 陈骞.人机融合:新兴技术发展的新趋势 对Gartner《2013年新兴技术成熟度曲线》报告的解读[J].华东科技,2014(05):68-70.

[14] 韩宇.人工智能在设施农业领域的应用[J].农业工程技术,2016(31):44-47.

[15] 秦志伟."农业4.0":现代农业的最高阶段[J].江西农业,2015(09):20.

[16] 王铁军.开启中国农业4.0新时代[J].农经,2015(07):9.

第 4 章

农业 4.0 的六个维度

农业4.0是采用物联网、大数据、人工智能等新一代信息技术手段对农业资源的重新配置和融合，是一种生产方式、产业模式与经营手段的多维创新，通过推进技术进步、效率提升和组织变革，提升农业的创新力，进而形成农业生产方式、经营方式、管理方式、组织方式和农民生活方式变革的新形态。农业4.0对农业的生产、经营、管理、服务等农业产业链环节有深远影响，为农业现代化发展提供了新动力。以农业4.0为目标、以"互联网+"为驱动力，有助于发展高效农业、绿色农业、智能农业，提高农业质量效益和竞争力，实现由传统农业向现代农业转型。资源要素、信息技术、行业应用、产业链条、支撑体系、运行模式和机制是观察农业4.0区别于传统农业的六个视角，在农业4.0时代，从这六个视角出发分析农业的要素构成，可以构建出农业4.0发展的理论体系。

4.1 构成农业4.0的六个维度

系统科学认为，系统是由若干相互作用、相互依赖的要素组成的具有特定功能的有机整体。系统科学主张把事物、对象看作是一个系统，通过整体的研究来分析系统中的成分、结构和功能之间的相互联系,通过信息的传递和反馈来实现某种控制作用,以达到有目的地影响系统的发展并获得最优化的效果。农业4.0的发展受到经济发展水平的制约、传统农业的影响,同时又受到多方因素制约,所以在"互联网+"时代下,农业4.0依赖于六个维度的系统支撑,即资源要素、信息技术、行业应用、产业链条、支撑体系、运行模式和机制,这六个维度之间相辅相成、形成耦合机制,共同形成农业4.0的架构体系。

4.1.1 农业资源要素——农业4.0要优化配置哪些资源?

农业4.0的本质是通过物联网、大数据、移动互联网、云计算、空间信息和人工智能等新一代信息技术与农业资源要素(土地、水、劳动力、资金、信息等)的重新配置和深度融合,产生一个更高产、高效、优质、生态、安全的更具有竞争能力的新业态。因此,从资源配置的维度分析,农业4.0要优化配置哪些资源要素呢?

1. 土地要素

信息技术+土地资源=规模效益。广义的土地要素范畴,是未经人类劳动改造过的各种自然资源的统称,既包括一般的可耕地和建筑用地,也包括森林、矿藏、水面、天空等。土地是任何经济活动都必须依赖和利用的经济资源,比之于其他经济资源,其自然特征主要是它的位置不动性和持久性,以及丰度和位置优劣的差异性。土地是种植业的命脉,在农业4.0时代,通过互联网技术、精准农业技术、无人驾驶等技术,一方面能够对土地进行数字化管理,实现土地规模化、集约化、精准化管理,另一方面能够提高水肥利用效率,大幅提高土地的产出率,实现土地的规模效益。

2. 劳动力要素

信息技术+劳动力=新兴力量。新农人是指具有科学文化素质、掌握现代农业生产技能、具备一定经营管理能力,以农业生产、经营或服务作为主要职业,以农业收入作为主要生活来源,居住在农村或城市的农业从业人员。新农人是现代农业中新的力量,自动化、智能化信息技术的应用,将大大提高新农人的劳动生产率,使一产劳动力大幅减少并向二、三产转移。农业4.0环境下,农业流程化管理将更加清晰,谁来生产、谁管技术、谁做管理、谁负责流通将更加明晰，劳动力实现在一、二、三产的合理分布。

3. 资本要素

信息技术＋资本与金融＝农户融资。资本要素是通过直接或间接的形式，最终投入产品、劳务和生产过程中的中间产品和金融资产。互联网金融经过多年的发展后，所涉领域在不断扩大，从传统的小微借贷、票据保理等传统业务到珠宝、黄金、农业等产业链条，同时商业模式也在不断变化，从单一分散的借贷到信托于产业链形成闭环的金融服务。在农业金融服务上，随着土改的推进，原来缺乏金融服务的农村金融正迎来前所未有的发展机遇。农业将成为继房地产、IT产业之后资本角逐的新蓝海，互联网时代农户融资将不再看别人脸色。

4. 市场要素

信息技术＋市场与信息＝新兴渠道。市场机制通过需求与供给的相互作用及灵敏的价格反应，自如地支配经济运行。即自由、灵活、有效、合理地决定着资源的配置与再配置。互联网技术的发展对传统商品市场形成了强有力的冲击，电子商务、大数据分析等技术应用，彻底改变了市场配置资源、调解供需的方式，建立了一条新兴的农产品流通渠道。

5. 生产工具要素

信息技术＋生产工具＝设施装备智能化。农业设施和装备是实现农业信息化的基础，用信息技术武装农业生产工具，能够加快推动农业生产设施和装备升级，实现设施装备智能化。农业4.0时代，是一个无人的生产系统，农业生产工具不再是传统的农具和机械，而是演变成以物联网技术为纽带，集智能感知、智能识别、智能传输和智能控制于一体的智能网络系统。设施装备的智能化，将引领农业生产进入无人时代，无人机、机器人等将成为主要的农业生产工具，劳动生产率大幅提高。

6. 信息资源要素

信息技术＋信息资源＝价值增值。农业信息资源是农业资源的抽象，是农业自然资源和农业经济技术资源的信息化。信息是用来消除随机不确定性的东西。农业信息资源包括与农业信息生产、采集、处理、传播、提供和利用有关的各种资源，如农业信息技术与信息机械、农业信息机构与系统、农业信息产品与服务等。在农业4.0时代，利用大数据技术对农业信息资源进行挖掘、分析，能够对零散、无序、优劣混杂的信息进行筛选、解构、组合、整序，使之可视化、有序化，从而在农业生产、经营、管理、服务过程中形成一系列新的信息产品，使农业信息得到增值。

4.1.2 信息技术——农业4.0的核心技术有哪些？

农业4.0是充分利用移动互联网、大数据、云计算、物联网、人工智能等新一代信息技术与农业的跨界融合，创新基于互联网平台的现代农业新产品、新模式与新业态，是以"互联网+"为驱动，努力打造"信息支撑、管理协同，产出高效、产品安全，资源节约、环境友好"的现代农业发展升级版。农业4.0需要现代信息技术的强力支撑。

1. 物联网

物联网作为农业4.0应用的重要组成部分，是新一代信息技术的高度集成和综合运用，具有渗透性强、带动作用大、综合效益好的特点，在农业领域具有广阔的应用前景。物联网技术的核心是赋予农业设施和装备以能够识别的有效身份，并通过信息技术实现物与物之间的通信。物联网技术是支持无人系统、无人作业的关键技术，是农业4.0时代技术应用的重要标志。应用农业物联网技术，有利于促进农业生产向智能化、精细化、网络化方向转变，对于提高农业生产经营的信息化水平，完善新型农业生产经营体系，提升农业管理和公共服务能力，带动农业科技创新与推广应用及推动农业产业结构调整和发展方式转变具有重要意义。物联网技术与先进农机装备的联动应用，可以提高农业生产全程自动化水平，减少农药、化肥的施用量，减少劳动力投入，实现大田种植、畜禽养殖、水产养殖和设施园艺等农业的无人化、高效化生产（见图4-1）。

2. 大数据

农业大数据是融合了农业地域性、季节性、多样性、周期性等自身特征后产生的来源广泛、类型多样、结构复杂、具有潜在价值并难以用通常方法处理和分析的数据集合。它保留了大数据自身具有的规模巨大、类型多样、价值密度低、处理速度快、精确度高和复杂度高等基本特征，并使农业内部的信息流得到了延展和深化。

图4-1 大田、畜禽、水产、设施物联网技术应用

根据农业的产业链条划分，目前农业大数据主要集中在农业环境与资源、农业生产、农业市场和农业管理等领域。农业自然资源与环境数据主要包括土地资源数据、水资源数据、气象资源数据、生物资源数据和灾害数据。农业生产数据包括种植业生产数据和养殖业生产数据，其中种植业生产数据包括良种信息、地块耕种历史信息、育苗信息、播种信息、农药信息、化肥信息、农膜信息、灌溉信息、农机信息和农情信息；养殖业生产数据主要包括个体系谱信息、个体特征信息、饲料结构信息、圈舍环境信息、疫情情况等。农业市场数据包括市场供求信息、价格行情、生产资料市场信息、价格及利润、流通市场和国际市场信息等。农业管理数据主要包括国民经济基本信息、国内生产信息、贸易信息、国际农产品动态信息和突发事件信息等。

农业农村是大数据产生和应用的重要领域之一，是我国大数据发展的基础和重要组成部分。农业4.0时代，随着信息化和农业现代化深入推进，农业农村大数据将与农业产业全面深度融合，成为农业生产的定位仪、农业市场的导航灯和农业管理的指挥棒，是智慧农业的神经系统和推进农业现代化的核心要素。农业大数据技术架构如图4-2所示。

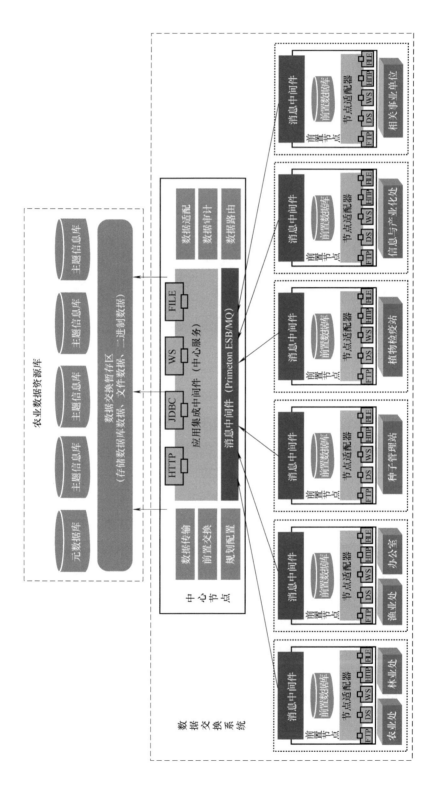

图4-2 农业大数据技术架构

3. 云计算

云计算是利用互联网技术将信息技术处理能力整合成以大规模、可扩展的方式对多个外部用户提供服务的一种计算方式，被信息界公认为是第4次IT浪潮。其优势表现在以下几个方面：①摆脱了摩尔定律的束缚，从提高服务器CPU的速度转向增加计算机的数量，从小型机走向集群计算机、分布式集群计算机，从而优化了计算机计算速度增长的方式；②我国第一台性能超千万亿次的超级计算机曙光"星云"具有大规模数据的计算能力，在新能源开发、新材料研制、自然灾害预警分析、气象预报、地质勘探和工业仿真模拟等众多领域发挥重要作用；③具有大规模数据的存储能力，智能备份和监测使系统的稳定性大幅提高，宕机概率减少；④以计时或计次收费的服务方式为客户提供IT资源，减免客户对于设备的大量采购，而且具有可伸缩的、分布式的设备扩充能力，大大节约了客户信息化建设成本。

农业云是指以云计算商业模式应用与技术（虚拟化、分布式存储和计算）为支撑，统一描述、部署异构分散的大规模农业信息服务，能够满足千万级农业用户数以十万计的并发请求，及大规模农业信息服务对计算、存储的可靠性、扩展性要求，农业云应用示意图如图4-3所示。在农业4.0时代，用户可以按需部署或定制所需的农业信息服务，实现多途径、广覆盖、低成本、个性化的农

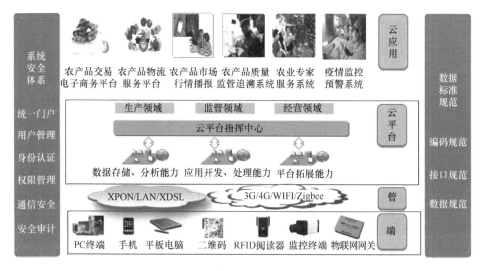

图4-3 农业云应用示意图

业知识普惠服务，通过软硬件资源的聚合和动态分配、实现资源最优化和效益最大化，降低服务的初期投入与运营成本，极大地提升我国农业信息化的服务能力。

4. 移动互联网

移动互联网是一种通过智能移动终端，采用移动无线通信方式获取业务和服务的新兴业务，包含终端、软件和应用三个层面。终端层面包括智能手机、平板电脑、电子书、MID（移动互联网设备）等；软件层面包括操作系统、中间件、数据库和安全软件等；应用层面包括休闲娱乐类、工具媒体类、商务财经类等不同应用与服务。移动互联网技术示意图如图4-4所示。

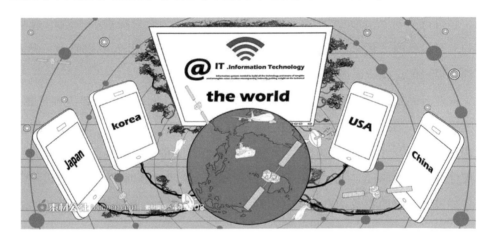

图4-4　移动互联网技术连接世界

移动互联网具有以下四个特性：①终端移动性。移动互联网业务使得用户可以在移动状态下接入和使用互联网服务，移动的终端便于用户随身携带和随时使用。②业务使用的私密性。在使用移动互联网业务时，所使用的内容和服务更私密，如手机支付业务等。③重视对传感技术的应用。有关的移动网络设备向着智能化、高端化、复杂化的方向发展，利用传感技术能够实现网络由固定模式向移动模式的转变，方便广大用户。④有效地实现人与人的连接。在移动互联网的未来发展方向中，实现人与人的连接。人的联网，是移动互联网应用的一个非常重要的方面。任何的时代产物必然是产生于人们的需求中，在移动互联网的发展过程中，注重客户和消费者的需求，市场的发展状态，将会获得更为宽广的发展前景。

5. 空间信息技术

空间信息技术是 20 世纪 60 年代兴起的一门新兴技术，于 20 世纪 70 年代中期以后在我国得到迅速发展。该技术主要包括卫星定位系统、地理信息系统和遥感等的理论与技术，同时结合计算机技术和通信技术，进行空间数据的采集、测量、分析、存储、管理、显示、传播和应用等。空间信息技术应用示意图如图 4-5 所示。

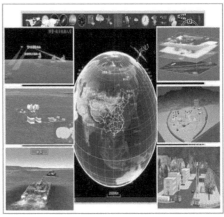

图 4-5　空间信息技术应用示意图

在农业 4.0 时代，空间信息技术将在土地利用动态监测与资源调查、农业自然灾害监测与评估、农业精细作业、农作物长势监测与估产、农业病虫害监测等方面得到广泛应用。加快对空间信息技术研究，并在农业中推广应用，将会推动农业资源利用的精准化，促进农业可持续发展。

6. 人工智能技术

人工智能（Artificial Intelligence，AI）是研究、开发用于模拟、延伸和扩展人的智能的理论、方法、技术及应用系统的一门新的技术科学。人工智能是计算机科学的一个分支，它企图了解智能的实质，并生产出一种新的能以人类智能相似的方式做出反应的智能机器，该技术的研究领域包括机器人、语言识别、图像识别、自然语言处理和专家系统等。人工智能从诞生以来，理论和技术日益成熟，应用领域也不断扩大，可以设想，未来人工智能带来的科技产品，将会是人类智慧的"容器"（见图4-6）。

图4-6　人工智能技术应用

在农业4.0时代，人工智能在农业中的应用主要体现在农业智能装备及机器人、虚拟现实技术等方面。人工智能技术将贯穿于农业生产的产前、产中、产后各阶段，以其独特的技术优势提升农业生产技术水平，实现智能化的动态管理，实现以机器全部或部分代替人的劳动，减轻农业劳动强度，具有巨大的应用潜力。

4.1.3　产业链——农业4.0由哪些产业环节构成？

农业4.0全产业链主要涉及四个环节，分别为生产、经营、管理以及服务。农业4.0全产业链利用"互联网＋"新经济形态，发挥现代信息技术在农业生产要素配置中的优化和集成作用，切实将互联网思维转变为实际行动，解放和发展农村生产力，提升农业竞争力，努力走出一条生产技术先进、经营模式适宜、管理方式高效、服务内容实用的新型农业现代发展道路。

1. 农业生产智能化

农业4.0在生产上智能化主要体现为：按照"全系统、全要素、全过程"要求，推动物联网应用从生长环境感知向动植物生长控制深入，建立"感知-传输-处理-控制"的闭环应用，提高设施园艺、大田种植、畜禽养殖、水产养殖的智能化、自动化水平，不断扩大物联网应用的规模化程度，通过按需控制和精细管理实现农业生产的节本增效。我国以黑龙江省依安县为试点,在推进农业生产智能化、由农业2.0向农业3.0和农业4.0迈进方面做出了重要探索,取得了显著成效。

> **案例:黑龙江省依安县农业生产智能化探索实践**
>
> 推进信息感知立体化。依安县利用地面传感器监测、空中无人机航拍、天上卫星遥感,建立起"地、空、天"立体化采集农业信息。其中在天上,利用卫星遥感,对全县土壤氮、磷、钾、有机质、pH进行全面"会诊",为开展测土施肥,精准农业奠定了基础;在空中,应用无人机携带多光谱、可见光和热传感器,并通过GPS精准定位,对稻瘟病、马铃薯晚疫病、甜菜褐斑病发生位置、发生程度进行监测,为精准施肥、用药提供基础数据;在地面,传感器监测系统实时采集相关参数,帮助系统及时反馈和调整。
>
> 推进种植管理智能化。开发依安县绿色有机食品物联网管理服务平台(见图4-7),通过作物生长决策系统,为全县每个农户提供测土施肥决策指导,提高化肥利用率,减少化肥用量。通过有害生物预警系统,对作物病虫害发生、发展进行预警,有针对性地进行提早防治,减少农药使用量。
>
> 推进模型应用精准化。依安县利用信息技术和数字化手段,对区域条件下的玉米、水稻等作物模式化管理方式,进行技术原理、技术特征和技术规程分析,开展精准化种植示范。
>
>
>
> 图4-7 依安县绿色有机食品物联网管理服务平台

2. 农业经营网络化

大力发展农业电子商务，畅通流通渠道，激发消费需求，破解困扰农业电子商务发展的短板，实现农产品、农业生产资料、农村特色旅游的网络化经营，提升农产品批发市场和农业产业化龙头企业的网络经营能力，构建以农业电子商务为核心、覆盖农村、惠及农民的现代经济形态，促进农业农村经济发展方式转变。在推进农业经营网络化方面，一批农产品电子商务企业积极探索，形成了一系列具有推广意义的商业模式。

> **案例：五种农产品电商模式**（见图4-8）
>
> 第一种：供应链驱动型。典型代表是顺丰优选，背靠顺丰集团的物流与配送优势，线上线下相结合，可以快速占领全国市场，这也是顺丰优选能够在短期内取得不错销售业绩的主要原因，上游的货源更丰富更标准，下游的配送优势则会更加彰显。
>
> 第二种：营销驱动型。典型代表是本来生活网，农产品背后的故事性强，容易制造传播热点，从褚橙、柳桃到潘苹果，从四大美莓到阳澄湖状元蟹，背后都有本来生活网的影子。该模式的核心是以营销带动流量和销量，其面临的挑战是需要不断推陈出新。
>
> 第三种：产品驱动型。典型代表是沱沱工社，依靠自建的有机农场坚守高品质产品，并在全国大力发展联合农场，力求通过严控品质来获得忠实消费者，以产品质量促进消费且稳扎稳打，其面临的挑战是瞬息万变的市场节奏。
>
> 第四种：渠道驱动型。典型代表是天天果园，依靠自身对水果市场的专业理解，单一聚焦水果品类，力拓天猫、1号店、微信、电视购物、广播电台等各类销售渠道，其面临的挑战是跨区域配送的服务能力。
>
> 第五种：服务驱动型。典型代表是遂昌网店协会，政府倾力支持企业独立运营，他们为本地的中小卖家（农户）提供培训、开店、营销、仓储、配送等标准化服务，凭借自身专业服务赢得市场价值。

图 4-8　当前五种代表性农产品电商模式

3. 农业管理高效化

采用大数据、云计算等信息技术，改造升级现有农业管理信息系统，革新管理方式，建立起全面涵盖电子政务、应急指挥、监测预警、质量追溯、数据调查等领域的在线化、数据化政务管理体系，通过数据共享和业务协同，提高管理效能，实现农业管理的高效透明。

> **案例：农产品质量安全追溯平台**
>
> 农产品质量安全追溯平台是以保障消费安全为宗旨，以追溯到责任主体为基本要求，从而实现农产品"从农田到餐桌"的全程可追溯信息化管理的平台（见图4-9）。农产品质量安全追溯平台是根据"一物一码"标准，为农产品建立个体身份标识，准确记录从种植管理、生产、加工、流通、仓储到销售的全过程信息，通过短信、电话、触摸屏、网上查询、手机扫描二维码、条形码等查询方式，为消费者提供透明的产品信息，为政府部门提供监督、管理、支持和决策的依据，为企业建立高效便捷的流通体系。农产品质量安全追溯平台的建设能够全面了解农产品的"来龙去脉"，有效防止非安全农产品流向市场，并在发现质量安全隐患时，可以马上进行追溯并及时排除风险。

图 4-9　农产品质量安全追溯平台

4. 农业服务便捷化

立足信息化与农业现代化深度融合的新态势，顺应现代信息技术发展新趋势，根据农民和新型农业经营主体的信息服务新需求，加快推进信息进村入户工程，不断创新服务方式，优化服务手段，有针对性地为农民提供及时、精准、高效的信息服务，将农业信息服务引向新的发展高度。农业部通过实施"信息进村入户"工程，推动互联网的创新成果与农业生产、经营、管理、服务深度融合，对于转变农业发展方式、创新农业行政管理方式具有重要意义。信息进村入户工程加快了农业信息服务便捷化的进程，推进农业服务从 1.0 向 2.0、3.0 迈进，并在部分农业服务 4.0 领域进行了有益探索。

> **案例：益农信息社面向农民服务**
>
> 益农信息社是农业部信息进村入户工程的村级信息服务站（见图 4-10），依托农村商超，将农业信息资源服务延伸到乡村和农户，通过开展公益、便民、电子商务和培训体验四类服务提高农民的现代信息技术应用水平，为农民解决农业生产上的产前、产中、产后问题，使广大农民体验到了"互联网＋农村"带来的便利和快捷，已成为农村信息集散地、便民服务点和电商新领域。每个信息服务站至少配备 1 名信息员。信息员是信息进村入户工作能否取得成效的关键，关系到村级信息服务站的生存和发展。市农委按照有

文化、有热情、懂信息、能服务、会经营的基本要求,从村组干部、大学生村干部、农村经纪人、农业生产经营主体带头人、农村商超店主中,选拔聘任村级信息员,确保每个村级信息服务站至少配备1名信息员。信息员针对村民的需求,依托12316热线帮助村民联系专家获得咨询服务;按照统一要求报送所在村屯的农民和农业生产信息;帮助本村村民在网上购销产品,衔接物流配送等工作;开展各种缴费、金融服务、保险服务、票务服务等便民服务项目。

 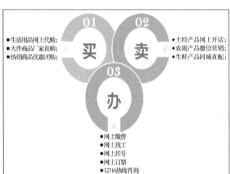

图4-10 农业部信息进村入户工程

4.1.4 行业领域——农业4.0能给哪些行业带来改变?

农业4.0要顺应由消费领域向生产领域拓展延伸的发展规律,切入点是农业电子商务,着重点是农业生产的智能化,突破点是农业的大数据,落脚点是为农民提供便捷高效的信息服务。农业4.0在产业链环节的突破,将为种植业、畜牧业、渔业等各行业领域的发展带来重要影响。

1. 种植业

种植业是栽培各种农作物以及取得植物性产品的农业生产活动,是农业的主要组成部分之一。种植业利用植物的生活机能,通过人工培育以取得粮食、副食品、饲料和工业原料,包括各种农作物、林木、果树、药用和观赏等植物的栽培。作物种类包括粮食作物、经济作物、蔬菜作物、绿肥作物、饲料作物、牧草及花卉等园艺作物。种植业在中国通常指粮、棉、油、糖、麻、丝、烟、茶、果、药、杂等作物的生产活动。

种植业4.0，以利用无人机、机器人、农业智能装备等实现无人作业为主要特征，应用基于GIS（地理信息系统）的农田管理系统、测土配方施肥系统、墒情监控系统、农田气象监测系统、作物长势监控系统、病虫害监测预报防控系统以及精准作业系统，确保大田高产、优质、高效、生态、安全，促进大田种植的规模化、集约化、智能化生产。

2. 畜牧业

畜牧业是利用畜禽等已经被人类驯化的动物，或者鹿、麝、狐、貂、水獭、鹌鹑等野生动物的生理机能，通过人工饲养、繁殖，使其将牧草和饲料等植物转变为动物，以取得肉、蛋、奶、羊毛、山羊绒、皮张、蚕丝和药材等畜产品的生产部门。

畜牧业4.0，既是生态畜牧业，也是智能畜牧业，以无人值守畜牧场为基本特征，畜牧业进入超高产、高效、优质、生态、安全的崭新时代。主要是应用畜禽养殖环境监控系统、饲料自动给喂系统、育种繁育系统、疫病诊断与防控系统、养殖场管理系统及质量追溯系统。不仅养殖的畜禽数量和质量、出栏率及劳动生产率有了大幅度的提升，而且劳动力的需求非常少（主要是管理人员和技术人员），以不到1%的畜牧业劳动力就能养活整个地区，甚至可为其他地区和国家提供高品质、高营养的肉蛋奶，养殖户的生活达到富裕的水平，牧场主成为富人群体中的一员，畜牧业也将成为令人羡慕的行业。

3. 渔业

渔业是指捕捞和养殖鱼类和其他水生动物及海藻类等水生植物以取得水产品的社会生产部门。一般分为海洋渔业和淡水渔业，渔业可为人民生活和国家建设提供食品和工业原料。

渔业4.0采用人工智能技术、大数据技术、智能装备技术应用到渔业的生产、经营、管理、服务等的全过程，利用物联网、云计算、大数据、移动互联网等现代信息技术和装备，提升苗种繁育、病害防治、生产管理、技术服务、产品销售等养殖各环节的信息化水平，达到合理利用渔业资源、节能降耗、提质增效、降低生产成本、降低养殖风险、改善生态环境等目的，实现高密度、高产值、高效益的标准化养殖。

4. 农业机械

农业机械是指农业生产中使用的各种机械设备统称。具体如大小型拖拉机、平整土地机械、耕地犁具、耕耘机、微耕机、插秧机、播种机、脱粒机、抽水机、联合收割机、卷帘机、保温毡等。

农机4.0，就是要着力提高农机装备智能化水平，加大物联网和地理信息技术在农机作业上的应用，"无人、高效、可靠、舒适、通用"是未来农业机械发展的方向。基于智能高效的农业发展模式，政府部门可以实现农机作业实时全局监管，通过年度、季度作业数据统计分析，补贴发放依据和政府决策管理，提高监管效率，降低监管成本；准确掌握农机作业进度；合作社和农户可准确掌握农机作业进度，实时查询农机投入和地理分布情况，并在作业过程中完成测亩，节省人力开支和时间成本；农机企业可以建立庞大的用户信息库，通过大数据智能商业分析、科学指导生产销售和服务，变被动服务为主动服务，提高农机产品科技含量，增强用户黏性。

5. 农产品加工

农产品加工业是以人工生产的农业物料和野生动植物资源为原料的总和进行工业生产活动。广义的农产品加工业，是指以人工生产的农业物料和野生动植物资源及其加工品为原料所进行的工业生产活动。狭义的农产品加工业，是指以农、林、牧、渔产品及其加工品为原料所进行的工业生产活动。

农产品加工4.0，以实现生产的高效率和高精度、降低生产成本、节约资源、提高农产品品质和实现安全生产等为目的，满足人们在农产品生产和消费中的需求。正如机器人在工业生产上可以降低生产成本和提高产品质量一样，在农产品加工生产中机器人也有同样的作用，在未来，分拣机器人、包装机器人等将在各生产线上广泛应用。通过应用符合生产实际的先进技术，实现农产品加工生产的优质、高产、高效，发展适合农产品加工生产现实条件的自动化模式，带动一、二、三产业联动发展。

6. 休闲农业

休闲农业是利用农业景观资源和农业生产条件，发展观光、休闲、旅游的一种新型农业生产经营形态，也是深度开发农业资源潜力，调整农业结构，改善农业环境、增加农民收入的新途径。在综合性的休闲农业区，游客不仅可观光、采果、体验农作、了解农民生活、享受乡土情趣，而且可住宿和度假。

休闲农业4.0就是要在互联网平台下，不但要实现消费者与消费者之间的信息互动，而且要实现经营者与消费者之间的信息互动，通过消费者诉求，重构休闲农业产品，提升产品附加值。通过旅游带动原有的农业基地或园区，能够大大提升地块及区内农副产品的附加价值，不仅自身蔬菜瓜果等产品能够实现就地销售，更能够通过旅游项目的带动，促进园区产业机构的优化，解决更多农民就业与农民致富的问题。

4.1.5 支撑体系——农业4.0建设需要哪些支撑条件？

农业4.0建设是具有前瞻性和复杂性的系统工程，需要一系列条件进行支撑，只有在基础设施完备、产业发展健全、科技手段丰富、人才保障有力、市场体系完善、发展环境优化的条件下，农业4.0建设才可能顺利、快速推进。

1. 基础设施支撑体系

信息化基础设施是支持信息资源开发、利用及信息技术应用的各类设备和装备，是分析、处理以及传播各类信息的物质基础，政府是推进农业信息化基础设施支撑体系建设的第一主体。信息化基础设施建设主要包括广播电视网、电信网、互联网的建设及其他相关配套设施的建设。农业4.0时期，互联网基础设施将是以光纤光通信为骨干的，以IP作为连接，以大数据、云计算和物计算作为网络功能，同时支持固定接入和移动接入的互联网，为用户提供一个高安全性、灵活性和高质量服务的网络环境。

2. 产业支撑体系

信息产业的发展开拓了农业发展的道路，农业信息产业的发展作为重要的物质内容，直接影响着农业可持续发展策略，企业是农业信息化产业支撑体系的主要实施主体。现代农业的优化结构主要是凭借农业机械化、化学以及生物技术，在这个结构中存在大量的信息，这些信息需要及时、准确并全面进行有效传递，才能够将农业科学知识与创新技术有效转化为生产力，其对农业产业结构起着直接的作用，从而影响着农业4.0的建设与发展。农业4.0时期，将涌现一批具有强大国际竞争力的、服务于农业产业的大型跨国网信企业，打通第一产业、第二产业和第三产业之间的边界，实现一、二、三产业融合发展。

3. 科技支撑体系

农业信息化科技创新与应用基地建设是推进农业4.0创新发展的重要支撑，其中高校和科研院所是推进科技支撑体系建设的主体。提升农业信息化科研支撑和创新能力，要完善农业农村信息化科研创新体系，壮大农业信息技术学科群建设，科学布局一批重点实验室，加快培育领军人才和创新团队，加强农业信息技术人才培养储备。农业4.0时期，就是要通过大幅度提高农业科技水平来突破资源环境约束，提高劳动生产率，降低农产品生产成本，改善农产品品质，发展农业产业化，提升农业综合生产能力，加快农业发展转型升级。

4. 人才支撑体系

推进信息技术与现代农业深度融合，迫切需要一批既懂现代信息技术又懂现代农业技术和市场营销技能的农业网络信息服务人才，高校是培养人才的重要主体。政府要加强引导，要致力于就地培养和利用人才资源，大力营造网络信息人才优先发展的良好氛围，突出产业引领，不断加大产业扶持力度，以产业聚人才、增强产业发展对人才的吸纳力。要吸引网络信息人才致力于农业发展信息化建设，使专家学者、高校毕业生、科研机构的网络信息人才积极投身农业发展。农业4.0时期，从事农业生产经营的新一代农民，将是一大批懂技术、会应用的实用性人才，例如在水产养殖领域，通过集成现代信息技术，构建物联网平台，实现水产养殖中饲料投喂、收获、洗网、加工的完全自动化，只要定期维护便可实现1~2人管理全场所有事务。

5. 市场支撑体系

农业4.0的市场支撑体系，是在互联网背景下，流通领域内农产品经营、交易、管理、服务等组织系统与结构形式的总和，是沟通农产品生产与消费的桥梁与纽带，是现代农业发展的重要支撑体系之一。农业4.0时期，将形成高度成熟、规范、完整的市场支撑体系，包括智能化、标准化的农产品批发市场、农产品超市以及农产品物流系统等。同时将会形成一批具有高度智能化管理能力的农产品中间商，成为衔接农场主与批发市场、超市的重要纽带。

6. 环境支撑体系

农业4.0发展环境是指农业信息化建设所需要的经济、社会、政治和人文环境。只有当农村经济发展到一定阶段，农民人均纯收入达到一定水平，能够承担开展农村信息化的基础成本；农村社会具备了信息化意识，接受了信息化的理念；政府开始重视信息化建设，制定政策规划并承担信息化基础投入；农民文化素质得到普遍提高，具备了应用信息技术的知识和能力，农村信息化建设才能够正常推进。

4.1.6 运行机制——农业4.0如何实现可持续发展？

根据"机制"的本来含义，使用"机制"这一概念的领域必须是一个有机体系，即这一领域内部是一个有机联系的整体；这个有机体系内部各组成部分之间处于动态，一部分的变化会引起另一部分的相应变化，是一个相互作用着的系统；这个有机体系在相互作用中所发生的作用机理，是该领域内在运动规律的外在形式。运行机制，是指在人类社会有规律的运动中，影响这种运动的各因素的结构、功能及其相互关系，以及这些因素产生影响、发挥功能的作用过程和作用原理及其运行方式。是引导和制约决策并与人、财、物相关各项活动的基本准则及相应制度，是决定行为的内外因素及相互关系的总称。各种因素相互联系，相互作用，要保证农业4.0建设目标和任务真正实现，必须建立一套协调、灵活、高效的运行机制。

4.2 从六个视角谈农业4.0的先进性

农业4.0构建了一个生产者、消费者、服务平台、金融机构、教育培训机构以及政府与企业良性生态系统，这个系统是各主体通过专业化经营和高度协同，形成良好的信誉，促进互利共赢。农业4.0就是利用物联网、云计算、大数据等互联网技术，整合土地、资本、劳动力等各类要素资源，实现农业产业链去中间化，提升生产流通效率的新型农业平台。农业4.0在农业资源利用、信息技术应用、行业发展、产业链布局、外部条件支撑、运行机制等方面都有着显著的先进性和引领性。

4.2.1 资源高效利用

现阶段我国的农业资源利用状态已经变成了一边治理、一边破坏以及局部改造、整体恶化的尴尬局面，导致了土壤资源遭受侵蚀、水土流失问题日益严峻、森林资源生态功能下降、土地沙漠化蔓延等后果，农业生态问题逐渐严重。有数据显示，目前我国的水土流失总面积已经超过了 350 万 hm^2，每年平均新增水土流失面积超过了 2 万 hm^2，而我国的土地荒漠化面积已经增加到 262 万 hm^2，水资源的污染问题也开始凸显。怎样保护农业生态、提升农业资源的利用率已经成了迫在眉睫的问题。

2017 年中央一号文件《中共中央、国务院关于深入推进农业供给侧结构性改革，加快培育农业农村发展新动能的若干意见》指出，推进农业供给侧结构性改革，要在确保国家粮食安全的基础上，紧紧围绕市场需求变化，以增加农民收入、保障有效供给为主要目标，以提高农业供给质量为主攻方向，以体制改革和机制创新为根本途径，优化农业产业体系、生产体系、经营体系，提高土地产出率、资源利用率、劳动生产率，促进农业农村发展由过度依赖资源消耗、主要满足量的需求，向追求绿色生态可持续、更加注重满足质的需求转变。

农业 4.0 是以物联网、大数据、移动互联网、云计算技术为支撑和手段的一种现代农业形态，是继传统农业、机械化农业、信息化（自动化）农业之后进步到更高阶段的智能农业。在农业 4.0 时代，与机械化农业相比，农业的自动化程度更高，资源利用率、土地产出率、劳动生产率更大。例如，每公斤水、肥、农药等资源的利用率将大大提升，农业将更加清洁、环保、健康；从劳动生产率角度看，按照目前发达国家水平，每个劳动力每年能够生产 2500t 鱼，管理 1 万亩农田，养殖 10 万只鸡，平均劳动生产率是我国的上千倍；从土地产出率上看，按照目前发达国家水平，通过发展智能化设施农业，每平方米土地能够生产 70kg 西红柿，30kg 辣椒，每立方米水每年能够养殖 50kg 鱼，土地的产出效率大幅提高，将大大缓解我国土地资源紧缺的问题。

4.2.2 信息技术深度应用

通过 IT 技术，突破时空限制实现随时随地互联互通，从而大大促进了农业技术知识、农业资源、农业政策、农业科技、农业生产、农业教育、农产品市场、农业经济、农业人才、农业推广管理等各方面信息的有效传递，解决了各种信息不对称问题。在促进农业生产生活的同时，也能有效对接农产品供求市场，解决传统农业中因信息不畅而导致滞销等问题。在信息使用方面，互联网能有效打通信息传递的"最后一公里"，使各种农业信息全方位地渗透到农村一线，切实指导生产生活，并通过大数据分析等手段提高农业科学化、现代化的程度。

利用互联网技术提高现代农业生产设施装备的数字化、智能化水平，积极发展数字农业、精准农业、智能农业。通过互联网及全面感知、可靠传输、先进处理和智能控制等技术的优势改变传统的农业生产方式，实现农业生产过程中的全程优化控制，解决种植业和养殖业各方面的资源利用率、劳动生产率、土地产出率低等问题。基于互联网技术的大田种植业向精准、集约、节约转变，基于互联网技术的设施农业向优质、自动、高效生产转变，基于互联网技术的畜禽水产养殖向生产集约化、装备工厂化、测控精准化、管理智能化转变，最终达到合理使用农业资源、提高农业投入品利用率、改善生态环境、提高农产品产量和品质的目的。

4.2.3 各行业高度发达

农业4.0必须要落在具体行业上，针对行业特点发力，用互联网和信息技术对传统行业进行在线化改造，具体来讲就是传统种植业、畜牧业、渔业、农机、农产品加工、休闲等行业怎么在线化、数据化，每个行业都有自己的特点和重点，明确六大行业"互联网"+农业的战略方向。围绕六大行业发展，农业4.0表现为是第一、二、三产业的"三产"融合互动，通过把产业链、价值链等现代产业组织方式引入农业，更新农业现代化的新理念、新人才、新技术、新机制，做大做强农业产业，形成很多新产业、新业态、新模式，培育新的经济增长点。农业4.0以全社会"共赢共享"为目标，出售的不再是某一系列农村产品，而是一种让人向往的乡村生活方式。不管是参与、共享，还是体验、购买，都伴随着一种情怀。因此，我们认为，农业4.0追求的是"广"，即打造一个泛农业的生态圈。

4.2.4 全产业链高度智能化

1. 农业生产4.0——智能农业

农业生产4.0主要是利用物联网技术提高现代农业生产设施装备的数字化、

智能化水平，发展精准农业和智能农业。通过互联网，全面感知、可靠传输、先进处理和智能控制等技术的优势可以在农业中得到充分的发挥，能够实现农业生产过程中的全程控制，解决种植业和养殖业各方面的问题。基于互联网技术的大田种植向精确、集约、可持续转变，基于互联网技术的设施农业向优质、自动、高效生产转变，基于互联网技术的畜禽水产养殖向科学化管理、智能化控制转变，最终可达到合理使用农业资源、提高农业投入品利用率、改善生态环境、提高农产品产量和品质的目的。

2. 农业经营4.0——农业电子商务

农业经营4.0主要是利用电子商务提高农业经营的网络化水平，为从事涉农领域的生产经营主体提供在互联网上完成产品或服务的销售、购买和电子支付等业务。通过现代互联网实现农产品流通扁平化、交易公平化、信息透明化，建立最快速度、最短距离、最少环节、最低费用的农产品流通网络。近几年，我国农产品电子商务逐步兴起，国家级大型农产品批发市场大部分实现了电子交易和结算，电商又进一步让农产品的市场销售形态得到根本性改变，2015年我国农产品电子商务交易额已超过1000亿元，"互联网+"农业经营的方式颠覆了农产品买难卖难的传统格局，掀起了一场农产品流通领域的革命。

3. 农业管理4.0——管理高效透明

农业管理4.0主要是利用云计算和大数据等现代信息技术，使农业管理高效和透明。从农民需要、政府关心、发展急需的问题入手，互联网和农业管理的有效结合，有助于推动农业资源管理，丰富农业信息资源内容；有助于推动种植业、畜牧业、农机农垦等各行业领域的生产调度；有助于推进农产品质量安全信用体系建设；有助于加强农业应急指挥，推进农业管理现代化，提高农业主管部门在生产决策、优化资源配置、指挥调度、上下协同、信息反馈等方面的水平和行政效能。

4. 农业服务4.0——服务灵活便捷

农业服务4.0主要是利用移动互联网、云计算和大数据技术提高农业服务的灵活便捷，解决农村信息服务"最后一公里"问题，让农民便捷地享受到需要的各种生产生活信息服务。互联网是为广大农户提供实时互动的扁平化信息服务的主要载体，互联网的介入使得传统的农业服务模式由公益服务为主向市场化、多元化服务转变。互联网时代的新农民不仅可以利用互联网获取先进的技术信息，也可以通过大数据掌握最新的农产品地理分布、价格走势，从而结合自己资源情况自主决策农业生产重点。

4.2.5 外部支撑条件强劲有力

农业4.0是外部条件强力支撑下发展的农业，基础设施、产业、科技、人才、市场、环境等条件缺一不可，共同构成农业4.0的支撑体系。农业4.0时代，在政府层面将加强互联网基础设施的普及，营造农业4.0良好发展环境。完善互联网基础网络环境、物流基础环境等各类硬件基础设施建设。加大对"互联网+"农业创新的政策扶植力度，加大资源倾斜力度，促进互联网进村入户，切实利用好各类农业服务平台，营造形成农业4.0发展的大氛围和大环境。

农业4.0时代，在企业层面，龙头企业、明星企业将带动区域乃至行业发展，壮大农业信息化产业。在互联网渗透农业全产业链的过程中，会涌现出各种创新的商业模式和商业机会，传统农业企业需要根据自身的实际情况，找到适合自己的"互联网+"，结合自身优势打赢"卖货""聚粉""建平台"的互联网化"三大战役"。与此同时，部分企业较早完成了信息化建设，有资源、有用户、理解农业行业本身，理解互联网。比如司尔特、金正大、辉丰股份等农资巨头，大北农、新希望、隆平高科等农业明星企业，阿里、京东、苏宁等互联网巨头以及顺丰等物流巨头，都可依托自有资源优势，通过互联网工具渗透农村和农业市场。这些龙头型企业进入农村市场，能起到排头兵的作用，利用资源和实力，完善整体网络环境、物流环境等基础设施，先行培育农村市场的互联网观念，提高农村对于互联网的接受程度，同时带动相关产业升级，促进并带动区域和行业发展。

农业4.0时代，互联网意识将在全社会普及，农业4.0人才不断涌现。养殖大户、农资二代、家庭农场、专业合作社等新型农村主体的信息技术和电商知识将不断普及，创造条件让他们获得实惠和好处，起到示范效应，通过新型农村主体带动农村居民整体的互联网意识和观念的转变。

4.2.6 运行机制良性可持续

农业4.0的运行机制包括激励约束机制、利益分配机制以及风险共担机制等几部分，合理的运行机制能够使得农业信息依托现代信息机制快速传递给产业链中的各个环节，并从政策、制度、法规、信用风险等方面为农业4.0的运作提供良好的外部环境；利益分配机制是农业4.0能够实现持续稳定运行的动力保障。

构建合理的利益分配机制，就是要在信息生产、传递的整个过程中产生价值增值，采用各种利益分配手段使信息化各类参与者都能增加获得的利益，形成"利益共享、风险分担"的良性运营机制。一方面促使信息服务提供商提供优良的服务，另一方面提高信息用户接受服务的积极性，进而使信息服务形成一种良性循环的、可持续的"共赢"服务，使农业信息化的整体效益实现最大化。

可见，农业4.0的利益分配机制从利益角度对信息生产、信息传递和信息消费进行激励，为信息化建立资金投入的长效机制提供了可持续动力。合理的利益分配机制能够协调农业4.0各参与主体的利益关系，为整个农业信息化体系的运作提供了利益保障和动力支持，是农业4.0体系建设中的一个关键环节。

4.3 从六个维度构建农业4.0理论体系

农业4.0的运行过程包括了资源要素、产业链、农业行业、现代信息技术、支撑体系以及运行机制与模式等六个维度，利用信息技术优化配置农业资源要素是农业4.0体系运行的核心。其中农业资源要素是整个运行框架的根本，也是农业4.0整个产业链的前期准备、中期归集、后期整合的主要对象。在前期，农业资源主要指土地及农资，是农业生产的原料；在中期，农业资源主要指劳动力、农资以及信息资源，是生产过程中的必备要素；在后期，资源要素主要指农产品市场的供求信息，主要来自于农产品交易平台、农产品供需信息系统等。整个运行体系中包括政府、企业、高校科研院所以及农户四类主体，其中政府主要负责监督管理整个产业链的其他主体运营，确保运营过程中没有扰乱市场、内部交易等违规行为，制定政策推动整个产业发展并制定规范约束参与主体行为；农业企业以及互联网企业也是农业4.0的主要参与主体，一般会与农村农户进行深度合作，形成新的商业模式，为农业发展创造新的机遇；农户不单单指农村分散的个体农户，也包括由多个农户集聚形成的农业合作社；高校科研院所则主要为整个农业4.0产业链提供技术支持、专家指导以及人才的培养。四类主体在农业4.0体系建设中发挥不同作用，共同构建基础设施支撑、科技支撑、环境支撑、产业支撑、人才支撑和市场支撑的六大支撑体系，农业4.0运行的理论框架如图4-11所示。

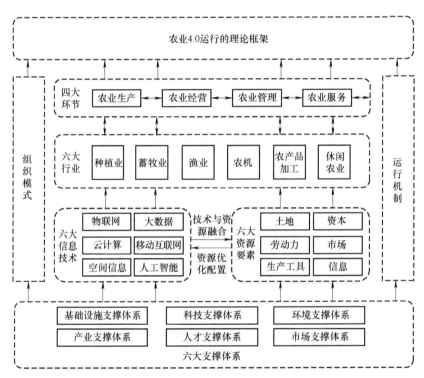

图4-11 农业4.0运行的理论框架

农业4.0的整个产业链包括了四个环节，即生产、经营、管理和服务。在这四个环节中，需要农业资源要素、支撑体系以及信息技术等其他维度的支持来完成整个产业链的运行。农业行业主要包括种植业、畜牧业、渔业、农机、农产品加工以及休闲农业六大行业，并且根据这六个行业制定农业4.0相应的任务，例如物联网、大数据等技术在各个行业的应用等。现代信息技术包括物联网、大数据、云计算、移动互联网等，应用贯穿于农业4.0的各个环节以及产前、产中、产后三个阶段。发展模式和运行机制将农业4.0的各个要素联系到了一起，促成它们之间的相互影响、相互约束，在整个外界大环境下，共享利益、共担风险，并且相互激励、相互约束，形成紧密的组织体系。

参考文献

[1] 杨学山. 借用工业4.0来说农业4.0 [J]. 农村工作通讯，2015，23：45.

[2] 杨学山. 抓住"互联网＋"机遇，走向农业4.0——在2015农业信息化高峰论坛上的发言 [J]. 办公自动化，2015，24：7-9.

[3] 温铁军. 发展农业4.0版的现代化 [J]. 农村工作通讯，2015，24：51.

[4] 温铁军，张俊娜，邱建生，等. 农业1.0到农业4.0的演进过程 [J]. 当代农村财经，2016，02：2-6.

[5] "互联网＋"创新2.0创新引擎推动农业现代化——《办公自动化》杂志社举办创新2.0与农业4.0研讨会 [J]. 办公自动化，2016（01）：7-14.

[6] 贾莉. 如何构建农业4.0物流体系 [J]. 经济，2016（10）：74-75.

[7] 刘振华. 泓森物联网智慧农业4.0育苗机器人的应用 [J]. 农业科技与信息，2016（01）：125＋131.

[8] 物管股份. 当转型的物业管理遇上智慧农业4.0 [J]. 中国物业管理，2016（09）：76.

[9] 温铁军. 从农业1.0到农业4.0 [J]. 中国乡村发现，2016（01）：20-26.

[10] 风好正扬帆　开启中国品牌农业4.0时代 [J]. 声屏世界·广告人，2015（06）：102-104.

[11] 用全自动割胶机打造橡胶行业"农业4.0" [J]. 橡塑技术与装备，2015（17）：71.

[12] 秦志伟. "农业4.0"已露尖尖角 [J]. 种子科技，2015（09）：11-12.

[13] 秦志伟. "农业4.0"已露尖尖角 [J]. 农村. 农业. 农民（B版），2015（09）：4-6.

[14] 农业4.0是中国现代农业必经之路 [J]. 江苏农村经济，2015（11）：65.

[15] 刘凯，侯金波，杨倩倩，刘振华. 泓森物联网解读智慧农业4.0模式 [J]. 南方农业，2015（30）：250-251.

[16] 秦志伟. "农业4.0"：现代农业的最高阶段 [J]. 江西农业，2015（09）：20.

[17] 蒋圣华. 2015，农业4.0元年 [J]. 中国农村科技，2015（11）：20-23.

[18] 杨雪. 海尔携手吉峰"圈"住农业4.0生态圈 [J]. 农经，2016（11）：67-70.

[19] 牟广英. 丘陵山区与高新特色农机战略联盟农业4.0生态圈武汉启动 [J]. 农业机械，

2016（11）：76-77.

[20] 温铁军. 从农业1.0到农业4.0 [J]. 中国乡村发现，2016（01）：20-26.

[21] 龙燕. 丰草农牧 开启"互联网+"时代的农业4.0 [N]. 四川日报，2015-10-22023.

[22] 党鹏. 成都打造农业4.0"智本"助推产业升级 [N]. 中国经营报，2015-11-23B10.

[23] 陈宗健. 浦东"大地种苗"探索打造农业4.0工厂 [N]. 东方城乡报，2016-03-01A02.

第 5 章

种植业 4.0

种植业是指栽培各种农作物并且取得植物性产品的农业生产部门,它利用植物的生活习性,通过人工培育取得粮食、副食品、饲料和工业原料,是农业的主要组成部分之一。在中国,种植业同林业、畜牧业、副业和渔业合在一起组成广义的农业。农业作为工业生产原材料的提供行业和工业制成品的使用行业,在工业化、信息化、城镇化和农业现代化同步推进的过程中,尤其是在"工业4.0"的推动下,"农业4.0"概念也逐渐兴起。预计到21世纪下半叶,农业将进入4.0时代。作为"农业4.0"的重要组成部分,种植业也将进入4.0时代。

5.1 种植业 1.0

种植业大体上产生于距今约1万年以前至距今4千年以前的新石器时代,即原始社会的后期。在此前长达约200万年的旧石器时代和中石器时代,由于生产力极其低下,人们只能采用简陋的石器、棍棒等生产工具,以采集和狩猎等简单农事活动为生。但在长期的采集过程中,人们逐渐地了解了一些植物的生活习性,学会了栽培技术,于是形成了原始的农业,这是由采集、狩猎逐步过渡而来的一种近似自然状态的农业，属世界农业发展的最初阶段（见图 5-1）。其基本特征是使用以石刀、石铲、石锄和棍棒等简单落后的生产工具，采用刀耕火种，原始粗放的耕作方法，从事简单协作的集体劳动，获取有限的生活资料，维持低水平的共同生活需要。

图 5-1 原始农业

奴隶社会阶段以后，随着农业工具的不断创新与应用，尤其是青铜冶炼技术和炼铁技术的发现，使种植业得到长足发展，进入了传统农业阶段（见图 5-2）。传统农业是在自然经济条件下，靠世代积累下来的传统经验，采用人力、畜力为主的手工劳动方式，发展以自给自足的自然经济居主导地位的农业，其基本特征是：金属农具和木制农具代替了原始的石器农具，铁犁、铁锄、铁耙、耧车、风车、水车、石磨等得到广泛使用；畜力成为生产的主要动力；一整套农业技术措施逐步形成，如选育良种、积肥施肥、兴修水利、防治病虫害、改良土壤、改革农具、利用能源、实行轮作制等。

原始农业和传统农业阶段的种植业，所使用的农具都是以人力、畜力或水力为动力的，这些动力源不是使用不便就是所能提供的功率有限，这逐渐成为制约种植业发展的主要因素，该情况直到蒸汽机的出现才得到改观。我们将原始农业和传统农业阶段的种植业称为种植业 1.0 时代。

第5章 种植业4.0

图 5-2 传统农业

5.2 种植业 2.0

1776 年英国发明家詹姆斯·瓦特（James Watt）制造出第一台有实用价值的蒸汽机，经过一系列重大改进以后，在工业上得到广泛应用。瓦特蒸汽机发明的重要性是难以估量的，它被广泛地应用在工业生产的各个方面，几乎成为所有机器的动力，它开辟了人类利用能源新时代，使人类进入"蒸汽时代"。蒸汽机改变了人们的工作生产方式，极大地推动了技术进步，并就此拉开了世界第一次工业革命的序幕（见图 5-3）。

图 5-3 第一次工业革命

第一次工业革命是世界技术发展史上的一次巨大革命，它以作为动力机的蒸汽机的广泛使用为标志，开创了以机器代替手工劳动的时代。随着蒸汽机在工业领域应用的不断深化，在农业耕作上用蒸汽机替代人力和畜力就自然而然地提上了日程。从蒸汽机为动力源驱动农业机械进行农业耕作开始，种植业正式迈入2.0时代。在种植业2.0时代，由于超越了动力源的羁绊，大量各式各样的农业机械被逐渐发明出来并广泛应用于农业种植的各项作业，最终实现了农业作业的机械化。可以认为，种植业2.0的主要特征就是农业机械化。

5.2.1 蒸汽拖拉机的发明与应用

19世纪30年代，人们开始研究用蒸汽车辆牵引农机具进行田间作业。但当时所能造出的蒸汽机牵引车辆庞大笨重，用这样的车辆进行田间作业即使不陷在田里，也会把土壤压得很实，根本无法再进行耕种。限于当时的技术水平，人们只能另辟蹊径。1851年，英国的法拉斯和史密斯首次用蒸汽机实现了农田机械耕作，他们的办法是把蒸汽机安放在田头，用钢丝绳远远地牵引在田里翻耕的犁铧（见图5-4）。这样一来，对土地压实的问题就迎刃而解了。人们把这次作业看作是农业机械化的开端。后来，随着蒸汽机制造技术的进步，出现了小型化的蒸汽发动机，自重大大降低，把它安装在车辆底盘上驱动车轮行驶，使它能够从地头开进田地里直接牵引农机具作业，这才诞生了真正意义上的蒸汽拖拉机。资料记载，这种装载小型化蒸汽发动机的拖拉机（见图5-5），最早是由法国的阿拉巴尔特和美国伊利诺斯州的R·C·帕尔文分别在1856年和1873年发明的。他们发明的这种蒸汽拖拉机与早期的蒸汽机汽车很像，但马力更大，行驶速度更慢。虽然照比以前的"地头拉绳"式蒸汽拖拉机有了改进，但是这时期的蒸汽拖拉机仍旧笨重而昂贵，使用不便，并且往往需数人操作，只适用于在广阔原野上耕作，一般个体农民难以负担，所以没有很快推广开。19世纪中叶，英国的蒸汽拖拉机开始朝着更加小型化的路线发展，用来在公路上进行负重牵引和田间犁地作业。在拖拉机发展史上，蒸汽拖拉机时代大约历经了半个世纪的时间跨度。不同蒸汽拖拉机的结构具有某些共同的特征。100多年来，尽管拖拉机技术发生了翻天覆地的变化，但是第一代拖拉机结构的某些基本特征，至今仍没有根本的变化。

图 5-4　蒸汽绳索牵引犁　　图 5-5　世界第一台蒸汽驱动拖拉机

5.2.2　内燃机拖拉机的发明与应用

蒸汽拖拉机的发明促进了农业机械化的发展，但是这种机器也存在严重缺陷，制约了它的推广应用。首先，它的自重太大，甚至一些道路和桥梁都难以支撑，不适合田间作业使用；其次，蒸汽机运行中操作不当易发生危险，稍不注意锅炉会起泡沫并有可能爆炸；第三，每天首次启动需 30~60 分钟预热以有足够的蒸汽压力来转动曲轴；最后，蒸汽机锅炉的燃烧，在收获脱粒季节容易引起农田的火灾。

针对蒸汽拖拉机的问题，人们开始研究以内燃机为动力源的拖拉机。1889 年美国伊利诺斯州的查特尔汽油机公司把汽油机装在轮子上尝试代替蒸汽机；1892 年德裔美国人约翰·弗洛里奇自制的汽油拖拉机在美国南达科他州金秋田野上连续工作了 52 天；同年生产轻便蒸汽机和脱粒机的凯斯公司研制了使用汽油机的试验拖拉机；此后，德、美、英等国的许多公司都投入了研发汽（煤）油拖拉机的试验中。值得一提的是查尔斯·哈特和查尔斯·帕尔 1901 年在美国建立了第一个以制造拖拉机为目的的哈特帕尔公司，该公司被美英百科全书认为奠定了汽油拖拉机产业的开始。它首批生产的 15 辆拖拉机中的 3 号车作为存活至今最古老的汽油拖拉机，目前在华盛顿的美国历史博物馆中展出（见图 5-6）。1906 年，该公司的销售经理威廉斯在书写和做广告时，感到汽油牵引机动车（gasoline traction engine）这个词太麻烦，于是他创意了"tractor"一词，用在公司 1907 年的广告中，并制作在拖拉机机体上。1912 年哈特帕尔公司开始使用术语"farm tractor"。由于哈特帕尔公司的影响，加上这个词的简练准确，"tractor"这一称谓在经过一段时间后，渐渐被行业广泛采纳接受。

图 5-6 美国第一台内燃机拖拉机

与蒸汽拖拉机相比汽（煤）油拖拉机的优点是显著的，蒸汽拖拉机质量从几吨到几十吨，而汽（煤）油拖拉机的质量只有 1 吨多，甚至只有几百公斤；蒸汽拖拉机需要随行供应燃料和水，并且要一批人伺候，而汽（煤）油拖拉机一个人即可操作；蒸汽拖拉机的单台售价在数千美元，而汽（煤）油拖拉机可以把单台成本控制在 1000 美元以下。汽（煤）油拖拉机打开了农业拖拉机进入普通农户的坦途。从汽油拖拉机开始，农业拖拉机才作为一种相对独立的机械类型存在。所以拖拉机史学界中，许多学者认为汽油拖拉机的出现才是拖拉机产业百年征程的正式起始点。

5.2.3 各种农具的发展与应用

拖拉机的出现解决了农具对动力要求的瓶颈，带来农具的蓬勃发展。实际上，人类从茹毛饮血到规模化耕种，种植业的发展始终伴随着农具的发明与革新。19 世纪至 20 世纪初，新式畜力农业机械快速发展并大量投入使用，1831 年美国的 C. H. 麦考密克创制成功马拉收割机，1936 年出现了第一台马拉的谷物联合收获机，1850～1855 年先后制造并推广使用了谷物播种机、割草机和玉米播种机等（见图 5-7、图 5-8）。20 世纪初，以内燃机为动力的拖拉机开始逐步代替牲畜，作为牵引动力广泛用于各项田间作业，并用以驱动各种固定作业的农业机械。20世纪30年代后期,英国的H·G·弗格森创制成功拖拉机的农具悬挂系统,使拖拉机和农具二者形成一个整体,大大提高了拖拉机的使用和操作性能。由液压系统操纵的农具悬挂系统也使农具的操纵和控制更为轻便、灵活。与拖拉机配套的农机具由牵引式逐步转向悬挂式和半悬挂式,使农机具的重量减轻、结构简化。20世纪40年代起,欧美各国的谷物联合收获机逐步由牵引式转向自走式。20世纪60年代,水果、蔬菜等收获机械得到发展。自20世纪70年代开始,电子技术逐步应用于农业机械作业过程的监测和控制,农业逐步向作业过程的自动化方向发展。

种植业2.0阶段就是农业逐步走向全面机械化的阶段,其主要标志是:各种农机动力不断增长;畜力农具不断发展;配套农机具品种繁多,机械作业项目迅速增加,除难度较大的作业项目外,都实现了机械化作业;农机与农艺结合更加紧密和广泛,相互适应协调发展。

图 5-7　由拖拉机牵引的铧式犁

图 5-8　由拖拉机牵引的播种机

5.3　种植业 3.0

随着计算机的出现以及大规模、超大规模集成电路的发展,以计算机技术、通信技术为基础的信息化技术首先在工业领域开展应用,并极大地促进了工业领域的技术进步。随着信息化技术向农业领域的扩散,产生了农业信息化。农业信息化是指信息化在农业领域的全面发展和应用,使之渗透到农业生产、市场、消费以及农村社会、经济、技术等各个具体环节的全过程。信息化进入种植业就产生了种植业3.0时代,其代表形式主要有:高度发展的农业机械化、精准农业和工厂化农业。

5.3.1 高度发展的农业机械化

高度发展农业机械化的主要标志如下：

1）传统作业全面改革，农机农艺进一步结合，新的作业项目不断出现，如棉花、蔬菜和水果等较难作业项目也实现了机械化作业。

2）机器功率不断增大，作业机具幅宽也增加，工作速度快，作业效率高。

3）农业机械趋于自动化，液压技术、电子技术已广泛应用于各种农业机械，许多机械如播种机、植保喷雾机、施肥机等与微电脑相结合。自动控制、无人操纵的农业机械也已出现，改善了操作条件和生产环境，减轻劳动强度，提高了作业质量。

4）设施农业不断发展，农业生产工厂化已逐步成为现实。

5）系统工程在农业和农机中得到广泛应用，农业资源配置更加合理。

6）新能源的开发和利用受到重视，提倡无机农业，如节约油耗，少耕免耕，太阳能、风能、地热的利用，用农业废物开发沼气等。

7）农业企业化、工厂化，规模较大，耕地比较集中。

部分国家和地区农业机械化之所以发展得比较快，首先是地多人少，农业劳动力负担耕地面积大，客观上要求实现农业机械化。第二是工商运输、科技文教、社会服务等吸收大量的农村劳动力，劳动力的不足使农民迫切要求实现农业机械化。第三是这些国家都是工业科技教育发达的国家，有迅速建立农机制造工业的基础，能生产较高质量的农机产品和提供优良的社会服务。第四是政府在经济政策上给予扶持，利用贷款、免税、分期付款甚至补贴等办法支持农民购买农业机器。第五是在发达的市场经济下竞争的结果，农民经营规模大时利润高。美国、英国、法国、德国政府在经济上鼓励和支持农场的发展，促使农民使用机器。第六是科学技术的发展和应用，在早期，拖拉机通用化和液压悬挂机械的设计成功推动了农业机械化发展；中期，农机与农艺密切结合，建立了机械化的耕作栽培制度，扩大了农业机械的应用范围；近期的液压和自动化技术的引入提高了农业机械的先进性。第七是社会化的服务体系和推广指导工作。倡导用户至上，推广高质量产品，重视销售服务，技术部门提供业务咨询，大办农机展览和传播、交流先进技术，迅速提高农业机械化的发展速度。

5.3.2 精准农业

精准农业是当今世界农业发展的新潮流，是由信息技术支持的根据空间变异，定时、定量、定位地实施一整套现代化农事操作技术与管理的系统。其基本含义是根据作物生长的土壤性状，调节对作物的投入，即一方面查清土壤性状与生产力空间变异，另一方面确定农作物的生产目标，进行定位"系统诊断、优化配方、技术组装、科学管理"，调动土壤生产力，以最少的或最节省的投入达到同等收入或更高的收入，并改善环境，高效地利用各类农业资源，取得经济效益和环境效益。

精准农业由全球卫星导航系统（GNSS）、农田地理信息系统、农田遥感监测系统、农田信息采集系统、农业专家系统、智能化农机具系统等组成。

1. 全球卫星导航系统

精准农业广泛采用了 GNSS 系统用于信息获取和实时的准确定位。在卫星定位系统领域，美国主导的 GPS 全球定位系统早已应用于全球精准农业，装备了 GNSS 系统具有自动驾驶功能的拖拉机如图 5-9 所示。我国也已成功发射 20 多颗北斗导航卫星，自主建设了北斗卫星导航系统。精准农业对卫星定位精度的要求已达到厘米级或分米级的水平，而北斗卫星定位技术已可以满足农庄厘米级、全国分米级的高精度实时定位导航需求。以北斗卫星导航系统引导农机作业，在大田里可循着既定路线自助耕作，达到精准农业、精密农业需求。

图 5-9 装备了 GNSS 系统具有自动驾驶功能的拖拉机

2. 地理信息系统 GIS

精准农业离不开 GIS 技术的支持，它是构成农作物精准管理空间信息数据库的有力工具，田间信息通过 GIS 系统予以表达和处理，是精准农业实施的重要步骤。

3. 遥感系统（RS）

遥感技术是精准农业田间信息获取的关键技术，为精准农业提供农田小区内作物生长环境、生长状况和空间变异信息的技术要求。

4. 农情监测系统

农情监测系统（见图 5-10）是通过布设传感器及数据采集传输设备，实现大田养分、墒情、苗情以及病、虫、草害的监测及信息处理传输。

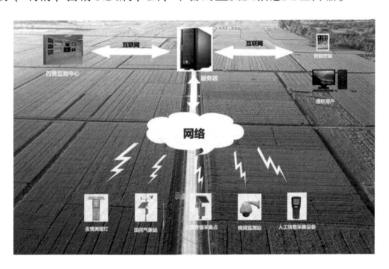

图 5-10　农情监测系统示意图

5. 作物生产管理专家决策系统

作物生产管理专家决策系统的核心内容是用于提供作物生长过程模拟、投入产出分析与模拟的模型库；支持作物生产管理的数据资源的数据库；作物生产管理知识、经验的集合知识库；基于数据、模型、知识库的推理程序；人机交互界面程序等。

6. 装备了 GNSS 系统的智能化农业机械装备技术

这类设备是精准农业的主要执行设备，能够实现土地精密平整、深耕、精密播种、变量施肥、变量洒药、收获测产等精准农业需求。

传统农业的发展在很大程度上依赖于生物遗传育种技术，以及化肥、农药、矿物能源、机械动力等投入的大量增加而实现。由于化学物质的过量投入引起生态环境和农产品质量下降，高能耗的管理方式导致农业生产效益低下，资源日显短缺，在农产品国际市场竞争日趋激烈的时代，这种管理模式显然不能适应农业持续发展的需要。精准农业并不过分强调高产，而主要强调效益，它将农业带入数字和信息时代，是 21 世纪农业的重要发展方向。

5.3.3 工厂化农业

工厂化农业根据所强调对象和发展阶段的不同有不同的称谓，如温室农业、植物工厂、保护地栽培和保护地园艺等。工厂化农业是可控环境农业，是设施农业的高级层次，是在相对可控的环境条件下，以工厂化的生产模式进行农业生产的新型农业。其最高目标是能使农业生产和工业生产一样不受自然环境因素制约，并进行自动化的高效生产。工厂化农业是随着农业信息化的不断深入而发展起来的植物种植技术，是种植业未来发展的方向。

设施农业是指利用各种材料建成的设施，形成一定的与外界隔离的空间，在充分利用自然环境条件的基础上，改善或创造更佳的光温等环境气候，为植物和动物生长提供良好的环境条件。设施农业是随着农业环境工程技术的突破，迅速发展起来的一种集约化程度很高的农业生产技术。设施农业打破了传统农业的时季、地域等"自然限制"，创造了速生、优质、高产、均衡、高效的现代化农业，具有高投资、高产出、高效益、无污染可持续农业等特征。

大型现代化温室是可控条件最好的人工设施，是设施农业向工厂化农业（见图 5-11）发展的产物，它采用工业化生产方式，实现了集约高效及可持续发展的现代化农业生产。它利用成套设施或综合技术使种养业生产摆脱自然环境的束缚，实现周年性、全天候、反季节的企业化规模生产。工厂化农业突破了养殖业、种植业生产中的传统观念，最大限度地摆脱了自然条件的束缚。各种环境因子与营养因子的控制和改善给农作物生长提供了最适宜的环境条件，使农作物产品实现周年生产供应，使单位土地面积的作物产量和品质大大提高。

图 5-11　工厂化农业

工厂化农业的关键技术是环境控制技术，在环境控制装置中设有多种传感器（如肥料传感器、温度传感器、湿度传感器、光量传感器等）。应用农业信息化技术，根据作物各个生长发育阶段，自动化地调控肥料、温度、光照等因素。与工厂化农业相比较，传统农业生产方式简单地讲就是靠天吃饭，靠太阳、土地或水体为载体，凭经验生产农产品的过程。受到光、热、水、土等自然因素的制约，季节性强、可控性差、劳动强度高、生产效率低、产量低而且不稳定，因此，种植业将必然走向工厂化农业。

在一些发达国家工厂化农业已开始向实用化、产业化迈进并创造出了不少的成功案例。1957 年世界第一家植物工厂诞生于北欧丹麦首都哥本哈根市郊区的斯滕森农场，并最先实际投产运行。该工厂生产的是一种生吃叶菜，从播种到收获平均只需 6 天时间，产品的年上市量为 500 万包，可满足哥本哈根市需求的 8 成，年销售额约为 400 万美元，同时该工厂只有 20 名工作人员；日本是世界上工厂化农业生产技术最先进的国家，在部分领域的研究和应用已超过了温室业较发达的荷兰、以色列等国。据统计，2013 年，日本国内人工光型植物工厂的市场规模为 34 亿日元，太阳光型植物工厂的市场规模为 199 亿日元。随着技术的发展和普及，预计到 2025 年，日本植物工厂的规模将突破 1500 亿日元。目前，昭和电工等大型电子企业已经把植物工厂的设备配套和技术开发列为研发重点。据报载，日本某占地 800m² 的小蔬菜工厂，栽培速生菌苗和小白菜，每天可收蔬菜 130kg，折合每亩生产 10 万 kg，而这个植物工厂只需 2 个工人管理，效率很高；在我国，2010 年我国各类设施栽培面积约为 460 万公顷，约占世界设施栽培总面积的 95%，产值 7000 多亿元，已发展成世界设施园艺生产第一大国。

5.4 种植业 4.0

2013 年，德国政府提出"工业 4.0"概念，在国际社会引起很大反响。在德国人看来，工业技术和生产模式的演进可划分为机械化生产到电气化大生产再到自动化和信息化生产最后到网络化和智能化生产的四级演变。种植业作为农业中最重要的组成部分，其演进过程也可以划分为四个阶段，从 1.0 的体力和畜力劳动农业到 2.0 的机械化农业，再到 3.0 的信息化（自动化）农业，最后达到现代农业的最高阶段——"农业 4.0"。"农业 4.0" 是 2015 年开始出现的概念，它是以物联网、大数据、移动互联网、云计算技术为支撑和手段的一种现代农业形态，是智能农业，是继传统农业、机械化农业、信息化（自动化）农业之后进步到更高阶段的产物。

5.4.1 种植业农情自动获取及智能处理

种植业农情主要是指墒情、苗情、病虫情、灾情等"四情"以及农作物的经济和市场供应量数据。随着种植业的不断发展进步，农情数据的重要性也越来越突出地显露出来，试想，如果农场管理人员和农技专家足不出户就可观测到农场内的实景和相关数据，能随时掌握天气变化数据、市场供需数据、农作物生长数据等农情数据，准确判断农作物是否该施肥、浇水、打药或收获，这样不仅能避免因自然因素造成的产量下降，而且可以避免因市场供需失衡给农场带来经济损失。

当前农情获取手段还不完善，许多土壤和植物的重要参数还不能做到原位、实时、精准、快速、智能的获取。可以说，农情信息获取及智能处理技术的不足是农业信息化的一块最大的短板。随着种植业 4.0 的到来，智能化自动化的农情监测技术将会出现并得到广泛应用。农业"四情"监测预警系统（见

图5-12）以先进的无线传感器、物联网、云平台、大数据以及互联网等信息技术为基础，由墒情传感器、苗情灾情摄像机、虫情测报灯、网络数字摄像机、作物生理生态监测仪，以及预警预报系统、专家系统、信息管理平台组成。各级用户通过互联网在PC（个人计算机）和移动客户端访问数据和进行系统管理，对每个监测点的病虫状况、作物生长情况、灾害情况、空气温度、空气湿度、露点、土壤温度、光照强度等各种作物生长过程中重要的参数进行实时监测、管理。系统联合作物管理知识、作物图库、灾害指标等模块，对作物实时远程监测与诊断，提供智能化、自动化管理决策，成为农业技术人员管理农业生产的必备手段。

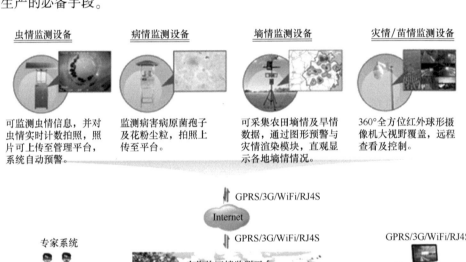

图5-12 "四情"监测系统示意图

5.4.2 农机自动作业及调度

在种植业3.0发展阶段，通过土地整治、机耕路建设、合理划分和适度归并田块、平整地块等措施，优化农田结构布局，为现代农业机械作业提供便利。但是，随着现代高标准农田建设的不断开展，对农业机械作业也提出了更高要求,农机田间作业速度、作业幅宽、作业质量的标准越来越高,传统的人工驾驶农业机械作业已经不能满足要求。并且,农机驾驶人员工作负荷加大,人力成本增加。采用农业机械自动作业及调度技术可以有效地提高作业效率降低成本,是种植业4.0的主要发展方向之一。

农机自动作业技术采用无人驾驶农机,能够实现在现场没有人员干预的情况下自主完成作业任务。无人驾驶农机也称为智能农机,是室外机器人在农业领域的重要应用。无人驾驶农机是一个集环境感知、规划决策和智能控制于一体的复杂综合系统,它利用传感器、信号处理、通讯以及计算机等技术方法,通过集成视觉、激光雷达、超声传感器、微波雷达、全球卫星导航系统和农机具作业状况监测设备来辨识自身所处的环境状态,通过智能分析判断控制拖拉机的转向和速度,调整农具的作业状态,从而实现无人驾驶农机依据自身意图和环境的自动作业。发展无人驾驶农机需要在以下几个关键技术上有所突破:

1. 环境感知技术

无人驾驶农机通过环境感知模块来辨别自身周围的环境信息,为其行为决策提供信息支持。环境感知模块利用无人驾驶农机配置的视觉传感器、激光传感器、微波传感器等多种传感器采集环境参数,采用数据融合技术从多传感器数据中提取其自身姿态和周围环境状况。

2. 远程运维技术

无人驾驶农机具有自动化、信息化、智能化的特征,复杂程度明显提高,由于其处于无人操作监视的自主工作状态,需要具有远程运维能力。采用机联网、大数据、云计算、人工智能技术,通过采集拖拉机发动机运行参数、农机具作业参数,实时监测无人驾驶农机田间作业工况,进行远程故障诊断和故障预警。

3. 路径规划技术

路径规划是无人驾驶农机信息感知和智能控制的桥梁,是实现自主驾驶的基础。路径规划的任务就是在具有障碍物的环境内按照一定的评价标准,寻找一条从起始状态包括位置和姿态到达目标状态的无碰撞路径。路径规划技术可分为全局路径规划和局部路径规划两种。全局路径规划是在已知地图的情况下,利用已知局部信息确定可行和最优的路径。局部路径规划是在全局路径规划生成的可行驶区域指导下,依据传感器感知到的局部环境信息来决策无人驾驶农机当前所要行驶的轨迹。全局路径规划针对周围环境已知的情况,局部路径规划适用于环境未知的情况。路径规划算法包括可视图法、栅格法、人工势场法、概率路标法、随机搜索树算法和粒子群算法等。

4. 决策控制技术

决策控制模块相当于无人驾驶农机的大脑,其主要功能是依据感知系统获取的信息来进行决策判断,进而对下一步的行为进行决策。决策技术主要包括模糊推理、强化学习、神经网络和贝叶斯网络等技术。决策控制系统的行为分为反应式、反射式和综合式三种方案;其中反应式控制是一个反馈控制的过程,根据农机当前位姿与期望路径的偏差,不断地调节方向转角和车速,直到到达目的地;反射式控制是一种低级行为,用于对行进过程中的突发事件做出判断,并迅速做出反应;综合式控制则是结合以上两种控制方式。

目前,国际上知名的农机厂商已经开始了无人驾驶农机的研究,也取得了良好的开端。2016年8月在美国爱荷华州布恩市举办的2016农机成就展上,位于美国威斯康星州拉辛市的Case IH公司推出了最新研制的无人驾驶拖拉机概念车(见图5-13)。该车融合了农机领域最新的拖拉机工程技术研发成果,代表了未来拖拉机的发展方向。这款概念车设计了一个全交互接口,允许对预置作业进行远程监控,车载系统自动计算作业宽度,并且根据地形、障碍物或同一地块其他作业机器,进行高效路径规划,远程操作员可以通过台式计算机或便携式平板电脑监控和调整路径。

图5-13 Case IH公司推出的自动驾驶拖拉机概念车

纽荷兰 NH 驱动概念拖拉机内置了自动驾驶软件，并发布了配套的 APP，通过对拖拉机以及农场的路径提前进行路径规划，农场工作人员可以看到，拖拉机自动驾驶到农场、工作完成后自动返回停车位（见图 5-14）。

约翰迪尔公司和爱科公司合作，不仅将农机设备互联，更连接了灌溉、土壤和施肥系统，公司可随时

图 5-14　纽荷兰公司的 NH 驱动概念拖拉机

获取气候、作物价格和期货价格的相关信息，从而优化农业生产的整体效益。

种植业 4.0 时代，在农机自动驾驶技术基础上，应用以物联网为基础的车联网技术、人工智能技术以及互联网技术，将区域范围内所有农机具接入统一的农机智能调度网络（见图 5-15）。根据作业任务、性质、地点、气象条件、优先级以及农机具的工况等信息，采用智能优化算法实施农机具的合理调度，实现可靠、高效、自动的农业生产作业。

图 5-15　农机具智能调度网络示意图

5.4.3　智能植物工厂

智能植物工厂是将现代生物工程技术、农业工程技术、环境工程技术、信

息技术和自动化技术应用于农业生产领域,通过设施内高精度环境控制实现农作物周年连续生产的高效农业系统。植物工厂是国际上公认的设施农业高级发展阶段,是一种技术高度密集、不受或很少受自然条件制约的现代农业可持续生产系统。在这个生产系统中,使用保温不透光材料作为围护结构,采用立体栽培技术,利用荧光灯、LED等人工光源为植物提供光照,并配备有循环风机、空调、CO_2施肥系统、营养液循环系统等设备,植物生长发育直接相关的部分或全部生产要素(环境因子和水肥供给等)全程可自动化调控,并具有一定植物生产流程的空间自动管理功能,实现植物规模化高效生产,植物产量可达到传统农业产量的几十倍甚至上百倍。智能植物工厂采用物理农业技术代替化学农药杀虫灭菌,使植物品质达到绿色甚至有机品质;采用资源循环利用技术,既提高了多种资源利用率,又实现了零排放零污染。由于智能植物工厂不占用农用耕地,产品安全无污染,操作省力,机械化程度高,单位面积产量可达露地的几十倍甚至上百倍,因此被认为是21世纪解决人口、资源、环境问题的重要途径。

广义的植物工厂包含了传统的设施农业,它最早起源于欧洲,1957年世界上第一家植物工厂诞生在丹麦。1964年奥地利开始试验一种塔式植物工厂,后推广到俄罗斯、北欧地区及部分中东国家采用。1971年丹麦也建成了叶菜工厂,用于快速生产独行菜、鸭儿芹、莴苣等。日本在植物工厂(尤其是人工光植物工厂)在推进技术发展中起到重要作用,1974年日本建成一座电子计算机调控的花卉蔬菜工厂,此后相关的环境控制生物学、环境控制技术、生产设施与执行机构等技术与装备得以快速全面发展。20世纪80年代至2000年,日本在植物工厂中生产蔬菜、小麦、水稻、植物组培苗等培育领域获得成功,引领推进了产业的发展方向。同时,荷兰在太阳光植物工厂及LED补光领域发展较快,技术传播到世界各国。我国从2000年通过引进、消化、吸收世界先进的工厂化设施及其栽培技术开始研发植物工厂技术。

从传统设施农业向智能植物工厂的发展是以生产要素管控自动化水平来判定的。生产要素包括温度、湿度、CO_2浓度、气流、光照等环境要素以及植物产品从育苗到采收的各项管理要素。种植业4.0时代的智能植物工厂应用大数据、人工智能、物联网以及机器人等先进技术,实现了生产要素的完全控制,通过环境要素、水肥要素的自动智能化调控以及植物产品从育苗到采收、分级等环节完全自动化管控，达到高产、优质和无人化的目标，是植物工厂发展的最高级阶段。

目前，智能植物工厂的发展需要在以下几个方面进行突破。

1. 研究植物生长模型和环境模型

大数据是当前国际上的热点研究方向，通过大数据获取技术以及数据挖掘处理技术，研究智能植物工厂数字化作物高效生长管理模型，建立作物生理信息与环境、营养物之间的定量规律，为温室精准化管理提供依据。通过不间断实时连续获取植物工厂环境参数以及调控设备的工作状态，采用人工神经网络深度学习算法等人工智能技术，研究具有在线自动优化能力的植物工厂环境参数模型，为智能植物工厂环境智能控制提供技术支持。

2. 研究植物生产调控策略

随着深度学习算法等人工神经网络学习技术的发展，人工智能正逐渐被引入工业、农业等领域。将人工智能技术引入智能植物工厂，能大大提高环境管理调控水平。采用人工神经网络、遗传算法、支持向量机、模糊控制等人工智能技术，根据植物工厂环境模型和作物生长模型建立以植物工厂效益最大化为目标的智能化环境及水肥控制策略是未来智能植物工厂的研究重点。

3. 基于物联网技术，建立智能植物工厂管理控制系统

开发基于 Web 的温室数据采集与控制系统软硬件，通过环境、生物、营养物等生物物理传感器以及无线传感器网络，将智能植物工厂中的环境采集设备和环境调控设备以无线方式联网，建立网络化环境调控系统，实现植物工厂可靠、实时、精准的集约化控制。

4. 研发智能植物工厂机器人

农业机器人是未来工厂化农业的主要技术装备，通过机器人自主导航技术、目标自动识别技术以及机器人精准作业技术的发展，机器人在智能植物工厂的育种、种植管理、采收以及果实分级等方面大有用武之地。针对设施内复杂的工作环境，采用 GNSS 导航、视觉导航、激光导航、惯性导航、测距导航、电磁导航等多种导航技术融合的综合导航技术，实现机器人的高精度自主导航，满足机器人作业所需的高精度定位和路径规划要求。采用机器视觉技术、超声波技术和光谱分析技术相结合的方式，实现机器人的目标识别及定位。采用柔性设计的机械臂和末端执行器，实现育种、种植、采摘、果实分级等工作的自动化。

当前的植物工厂技术还达不到智能植物工厂（见图5-16）的水平，且存在成本高、能耗大、盈利能力差的问题。随着自动化、智能化等高新技术的研发与应用，产业规模化、标准化发展，植物工厂终将走向智能化、无人化、低成本、高产量、高品质、高效益的健康之路。随着世界人口数量的不断增长和生活区域的集中，智能植物工厂必将得到大面积应用，成为未来解决农业土地空间不足、资源短缺的有效途径。

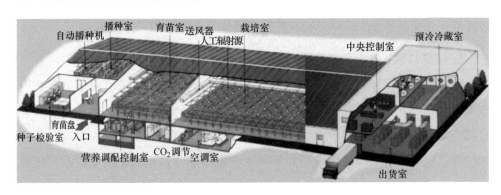

图 5-16　智能植物工厂结构示意图

5.4.4　全自动无人农场

随着种植业4.0各项技术的不断推进，全自动无人农场将逐步变为现实。全自动无人农场的实现是种植业4.0的主要标志。

由英国什罗普郡哈珀亚当斯大学的乔纳森·吉尔、基特·富兰克林和马丁·埃布尔三位科学家组成的研究小组尝试创建了全球第一家无人农场。他们开发了一种自动拖拉机（见图5-17），可由农场主在控制室操作，进行播种和喷洒。同时，利用无人机采集"四情"数据，进行空中评估，观察作物生长情况。然后，用一台自动联合收割机进行收割。这样就避免了农学家亲自去农田观察和作业。2017年，他们在实验田上条播了春播作物大麦，经过数月耕作，于同年8月和9月收割。研究小组相信,他们的研究将给农业带来一场革命,可以解放农民,让他们拥有更多时间。他们认为自动化农业已无技术障碍,只要将各种技术统一起来,创建一整套系统,就可以实现从开始到收割的整个耕种过程中无需人亲自到农田去。接下来,他们将采用多种小型、轻型机械,利用自动化创造一个可持续系统进行耕地作业,减少土壤板结度,而这些智能化的小型自动化机械反过来将促进高分辨率精准农业的发展,不同的农田、甚至可能是某一株作物都能得到区别对待,同时优化农田耕种投入并有可能大大降低成本。

图5-17　可由农场主在控制室操作的自动拖拉机

日本京都企业Spread公司采用智能植物工厂和机器人技术修建了一座完全由计算机和机器人控制的无人蔬菜农场,并于2017年正式开张。该农场的机器人将控制从种植到收获的所有生产环节,并同时负责监测温室内的CO_2浓度和光照水平。这座无人农场不仅能将产量增加25%,还将节省大约50%的人工。与传统农场相比,这种室内农场具有不可比拟的优势。由于采用立体栽培和水培技术,它们不消耗土壤资源,占地面积极少;多达98%的水都被循环使用,也不需要喷洒杀虫剂;由于位于室内,人工照明和严格温湿度控制让种菜不再靠天吃饭,更容易实现工厂化运作。该无人蔬菜农场位于京都府木津川市,面积达4800 m^2,研发及建设耗资1 670万美元,预计2016年春季竣工。新农场将在2017年下半年实现供货,日产量能达到8万棵。随着生产规模的扩大,之后

5年有望将日产量提高到50万棵,其产品将销往世界各级市场。目前,Spread公司还不能完全实现全自动化操作,仍然需要人工来确认种子是否发芽。由于刚刚发芽的种子极为脆弱,他们开发出的播种机器人目前还不能将其顺利取出,但这些问题终将得到解决。

北京水木九天科技有限公司开发的水木蔬菜工厂是我国自主研制的一款可进行全年度连续生产非耐储运蔬菜的智能植物工厂(见图5-18),目前已经完成了西红柿、黄瓜、彩椒、茄子以及部分叶菜的工业化种植模式研究。水木蔬菜工厂的核心思想是利用种子自身的无限生长特性,建立标准化的完全可控环境体系和规范化生产工艺流程,降低建设成本,保证产品质量。水木蔬菜工厂的生产设施采用改进的连栋温室结构,保证了标准化的要求。通过改进温室钢架连接结构等方法提高温室的保温性能;通过采用地源+太阳能光热+电辅助加热控制模式有效地降低冬季增温耗能。水木蔬菜工厂采用大数据技术建立了种植管理模型,实现成本品质控制。该模型可根据多年来的气象数据和作物生长周期进行学习,能够结合作物生育期给出环境、能源、水肥和人力调控分配模式。水木蔬菜工厂每个标准的西红柿蔬菜工厂模块建设规模为50亩,总建设面积为33300 m^2,其中有效种植面积为28000 m^2,辅助育苗、办公、包装、冷库等部分占地4400 m^2,全年度产量为100万kg。水木蔬菜工厂的一个西红柿生产模块已经在北京落成,投资为8650万元,出产的高品质西红柿已供应市场,其优异的品质和合理的价格获得了市场好评。

图5-18 水木蔬菜工厂外观效果图

参 考 文 献

[1] Agricultural machinery. https：//en. wikipedia. org/wiki/Agricultural_machinery.

[2] Tractor. https：//en. wikipedia. org/wiki/Tractor.

[3] 陈联诚. 发达国家和地区农业机械化发展历程分析［J］. 农业经济问题. 2010（4）：61-62.

[4] Introducing Farming 4. 0 with Harry the friendly data octopus. https：//www. pressebox. com/pressrelease/sensor-technik-wiedemann-gmbh/Introducing-Farming- 40-with-Harry-the-friendly-data-octopus/boxid/764314.

[5] 李立辉，张建瓴. 发达国家和地区农业机械化发展历程［J］. 广东农机. 1997（3）：2-3.

[6] 田璐. 国外粮食生产机械化发展历程及经验总结［J］. 论坛. 2014（2）：76-78.

[7] 刘鹏. 浅析美国农业机械化进程及对中国的启示［J］. 国外农业. 2015，26（9）：227-229.

[8] 杨卫中. 温室环境智能控制关键技术研究与开发［D］. 中国农业大学. 2016.

[9] 韩波，杨俊杰，白敏，等. 现代农业产业化的新途径——工厂化高效农业［J］. 云南科技管理. 2002，15（2）：35-38.

[10] Case IH Premieres Autonomous Concept Vehicle at Farm Progress Show. http：//www. oemoffhighway. com/electronics/smart-systems/automated-systems/press-release/12251700/case-ih-premieres-autonomous-concept-vehicle-at-farm-progress-show.

[11] Naiqian Zhang, Maohua Wang, Ning Wang. Precision agriculture- a worldwide overview［J］. Computers and Electronics in Agriculture, 2002, 36：113-132.

[12] 水木九天. 工厂化模式种出欧盟标准蔬菜的另类工厂.［EB/OL］.（2017-3-14）［2017-06-02］. http：//www. 360doc. com/content/17/0314/00/39419033_636644915. shtml.

[13] 托普物联网. 农林（农业）"四情"监测系统［EB/OL］.（2016-09-02）［2017-06-02］. http：//www. tpwlw. com/project/24. html.

[14] 刘文科. 植物工厂的定义与分类方法辨析［J］. 照明工程. 2016，27（5）：83-86.

[15] 贺冬仙. 植物工厂的概念与国内外发展现状［J］. 温室园艺. 2016（4）：13-15.

第 6 章

畜牧业 4.0

到了二十一世纪下半叶，农业将逐步进入 4.0 时代，作为"农业 4.0"的重要组成部分，全球畜牧业也将迈进 4.0 时代。从此人类将彻底摆脱家庭散养、自给自足的传统畜牧业 1.0 时代，也将使以设施化养殖为特征的 2.0 时代成为历史，大部分畜牧业将从产业化、规模化、集约化为前提，以精准化、自动化养殖为特征的 3.0 时代，跨越到基于物联网、大数据、人工智能、云计算等尖端科技的在畜牧领域创新应用为前提，以无人值守养殖场和牧场为特征的畜牧业 4.0 时代。

6.1 畜牧业 1.0

畜牧业的进步，与人类历史发展的轨迹一脉相承。在茹毛饮血的原始时代，原始人类凭借着一根木棍、一把石斧、一片利骨，便能够实现围猎驯兽、垦荒播谷，并逐渐开启了人类刀耕火种的文明衍生之旅。那是一段充满蛮荒的历史，"畜牧业"概念还未诞生，但对动物的驯化、繁衍行为却从未止步。此前，无论是氏族、奴隶还是封建等社会时期，自从有了家庭（族）这个组织单元，畜牧业的发展一直保持着"家庭散养、自给自足"为主流、市场供给为辅的基本形态,这就形成了非常传统的畜牧业 1.0 时代。这种畜牧业 1.0 一直持续到近代。

畜牧业 1.0 时代的养殖户大多是种养生息,既种田又养牲畜,农牧并存。每户最多能养 100 头猪、10 头牛、1000 只蛋鸡,猪和肉牛的出栏率很低,分别为 50%~90% 和 5%~15%。他们以相对天然的方式来喂养畜禽,往往在自家的院子里把鸡、鸭、猪等混养在一起,或搭建简易的棚圈进行饲养,按需投入饲料,对于牛、羊等食草牲畜,则需要到山野或田地里去放牧,或者在所搭建牛圈、羊圈里喂食所收割的草料,如图 6-1 所示。同时每天需要起早贪黑,喂养畜禽,购买饲料或放牧牛羊,清理猪圈、牛圈、羊圈、鸡圈等,同时还要寻找销路,沿街叫卖或向收购部门推销。不仅耗心费力,而且由于这一时期的生产状况非常落后,靠天养畜,劳动生产率极其低下,饲养方式粗放,天然牧场得不到合理利用,对于草场资源是只使用不保护,造成草场的退化、沙化、碱化,使得牧草的数量和质量低下,该时期养 1 只羊普遍需要天然草场 20 多亩(高者达 30 亩以上)。同时,由于缺乏有效管理,一旦畜禽生病,不仅难以得到及时

图 6-1　畜牧业 1.0 示例

医治,而且还会蔓延,加上饲料的不足,这一时期在正常年份畜禽的死亡率能高达6%以上,灾年则更高,可达到24%,"夏饱、秋肥、冬瘦、春死亡"成为畜牧业1.0时代难以解决的普遍现象。所产出的肉蛋奶难以满足人们的基本需求。此外,作为畜牧业副产品的皮毛的产出率也很低下,由于靠手工剪毛,效率低下,造成大量皮毛的损失。

6.2 畜牧业2.0

伴随着市场经济的发展,以及人口数量和生活所需的增长,人们对猪、牛、羊、鸡等畜牧产品的需求不断增加,随之相伴的是批量家庭作坊式、小型养殖户、专业合作社陆续出现,以"设施化养殖"为特征(见图4-2)的畜牧业2.0时代到来了。

传统的简易棚圈养殖模式抗灾能力差,不能有效防范台风和雨雪,且不能起到保温作用,更不能实施有效的通风和降温。设施化养殖模式则是对养殖小区或养殖场进行规划布局,采用标准化的畜禽棚舍,这种棚舍不仅能防风掀翻和避免雨雪积压倒塌等自然灾害对畜禽的伤害,同时还具有冬季保温、夏季通风和自然采光等改善饲养环境的功能。同时,以规范化的生产管理模式,进行规模化养殖,提高畜禽的生产性能和劳动生产率水平,节约劳动成本。另外,规模化养殖并不是盲目地扩大生产规模,规模化养殖是伴随有各配套措施的完善,如养殖技术、管理水平、疾病预防控制能力、市场销售能力等。

设施化养殖的核心的是养殖技术和管理的规范化。首先,加强良种繁育体系建设,不断提高种畜禽质量,规范畜禽良种繁育;其次,不断提高畜产品的质量水平,在原材料采购、生产设备、产品加工、检测、疫情防控与处理等各个环节入手,层层把关,保证产品质量;同时还要增加养殖户的教育与培训。

畜牧业2.0时代(见图6-2)的养殖户一般能养1000头猪、100头牛、10000只蛋鸡,猪和肉牛的出栏率得到了显著提高,分别为90%~130%和25%~35%,所产出的肉、蛋、奶能大体满足人们的需求,养殖户的生活已达到小康水平。劳动生产率、出栏率及生活水平之所以能比1.0时代大幅度的提高,主要原因是不再靠天养畜,而是合作共赢的养殖模式加上专业饲养,由靠饲草为主的畜牧业过渡到以人工种植饲草和饲料为主的畜牧业，由粗放管理过渡到规范管理，由手工作业过渡到机械化作业等。主要体现在以下几个方面：

图 6-2　畜牧业 2.0 示例

1. 草场库伦化

用铅丝、石头、草皮、土墙或灌木将草场围成一块块来饲养家畜。围建时因地制宜，就地取材。草库伦的大小是根据草场上草的生长情况和放牧家畜的头数来决定，草生长繁茂或家畜少的围小些，一般是 200～300 亩为宜，干旱的草场可以达到 500～1000 亩。围建后能合理使用草场，保护草场，增加产草量，提高载畜量，还可有计划地进行轮牧或打草。家畜在草库伦内放牧，自由采食，日夜吃草，不需要人工放牧，减轻劳动强度，劳动生产率比畜牧业 1.0 提高了几百倍。草场围建后实行有计划地轮牧，十多年都不用重播。人工草场的产草量比天然草场的产量可以增加几倍，而且养分高。养 1 只羊只需要 1～6 亩草场就够了。

2. 饲料标准化

根据不同生产目的和不同种类家畜、不同生长发育阶段对营养的需要，配制各种营养价值比较完全的饲料,即全价饲料(包括能量、矿物质微量元素、维生素和各种氨基酸等),使畜禽能在高水平生长条件下,保持正常代谢,充分发挥其生长性能,提高产品率。只要饲喂必需的全价饲料,畜禽就可以在一定时期内产出数量多和质量好的产品,也就是说用最少的饲料以最短的时间获得最多最好的产品,使同批饲养的畜禽生长发育均匀,出售屠宰时间一致。虽然食草牲畜只是部分采用全价饲料,大多数靠种植饲草,自己加工配合,对放牧的家畜也要按营养需要搭配饲料。如草场上搭配播种豆科和禾本科牧草,以增加蛋白质含量。

3. 饲养机械化

在这一时期,由于采取了设施化养殖模式,畜群高度集中,密度大,基建和机械设备也可以集中,适于实行机械化作业,可显著提高劳动生产率。畜牧作业中从翻土、耙地、播种、镇压、施肥、喷药、打草、搂草、拣拾、堆垛、青贮、运输,青贮饲料的收获、铡碎,青贮塔内的自动铺匀和镇压,挖掘青贮饲料等过程以及畜禽棚舍中的挤奶、拣蛋、添料、供水和粪便处理等都采用了畜牧机械,诸如动力机械、草场建设机械、饲草和饲料种植机械、饲草和饲料生育过程的管理机械、饲草和饲料收获机械、饲草和饲料加工机械、饲草和饲料保护机械、畜禽饲养管理机械、畜禽疫病防治机械、畜禽繁殖改良机械、畜产品采集和初加工机械、畜产品冷藏机械设备、运输机械等。

4. 畜禽良种化

畜禽良种是指具有高产、稳产、耐粗饲、适应性强、多抗、优质、繁殖率高等特性的品种。畜牧业 2.0 时代,在加速繁育良种和畜禽改良工作、优良品种繁育体系的建立、品种选育以及利用现有的优良品种进行多品种杂交,获得更好的杂交后代等方面不断地开展相关工作,提高畜禽的生产性能,实现畜禽良种化。

5. 防疫综合化

为了克服农业 1.0 时代在防治畜禽疾病、特别危害严重的传染病方面的不及时甚至蔓延的弊端,畜牧业 2.0 时代建立了比较完善的兽医卫生防疫体系,根据疾病的特点,制定和颁布兽医法规,确定兽医职责,规定兽医有权监督法规的贯彻执行。法规中规定防治疾病的具体措施，特别是对危害严重的传染病，一经发现就立即认真按照法规规定进行封锁隔离、扑杀、烧毁、消灭疫原，还针对各种疾病的流行规律和流行情况规定针对不同疫病的防治办法，对产业化养殖的畜禽，在防疫上要求更为严格，制定各种疾病的防治办法和免疫程序。在口岸检疫上设置专用的隔离地区和消毒设施，杜绝检疫对象从境外传入和防止疫情扩大，并进一步加以扑灭。从上至下都建立了健全的防疫检疫机构和兽用药品的低温贮存、运输体系，保证生物药品的质量和及时供应。

6. 管理规范化

各个地方都设有畜牧管理局等部门，负责良种畜禽的引进、培育与推广、种畜禽及畜产品的质量标准的制定、按标准对种畜禽场进行验收、依法对种畜禽生产经营进行监督管理、畜牧业商品基地的建设管理以及畜牧业环境保护工作等。具体包括畜禽改良、疫病防治、饲草饲料的试验与改良、动物检疫、畜牧兽医站建设、兽药生产及销售的监督、畜牧科技信息的传播和推广、畜牧统计、畜牧法令等的规范化管理。

6.3　畜牧业 3.0

畜牧业 3.0 以设施自动化养殖为特征，主要包括畜种良种化、品种多样化、结构合理化、功能专业化、规模大型化、生产机械化、定量精确化、控制自动化、管理信息化、经营产业化等特点。在硬件上，畜牧业 3.0 在大规模优质草料种植、牧草收获、禽畜饲养各个环节等通过普遍采用各类机械，全面实现自动化；在软件上，畜牧业 3.0 有非常完整的科研体系，注重畜种的改良，畜禽品种全部实现良种化，并且畜牧业生产结构合理；在发展环境上，社会服务体系健全，生产高度专业化，可以提供产前、产中、产后一条龙服务。下面以设施自动化养猪场为例来介绍一下设施自动化养殖模式的各个功能体系。

各种猪在养殖场中需要分开饲养，这样能有效减少猪的染病概率。猪舍一般划分为母猪区、保育仔猪区和肥育猪区。养殖人员在不同区域移动或进出猪舍时都应消毒。猪舍中安装有不同种类的传感器对猪舍环境进行监测，如温度计、湿度计、摄像头、氨气测控仪等。猪舍内每头猪佩戴一个 RFID（射频识别）电子耳标，耳标中记录猪的耳标号、品种品系、胎次、父号和母号、出生日期、年龄、发情、生产、分娩、疾病、免疫等信息。主要包括以下自动化系统：

1）环境控制系统。设施自动化猪场的控制主要是指温度、湿度、各种气体、通风及光照等环境因素的控制。通过各种传感器直接对猪舍环境信息进行采集，在后台监控系统中对采集的数据进行处理、显示、预警等，实现对猪舍环境的实时监测和远程监控。一旦环境有任何异常，工作人员可以及时采取措施，例如当空气中有毒气体浓度超过预先设定的阈值时，人为地打开窗户进行通风，为猪舍中的猪提供最适宜生长发育的环境，同时也减少了疾病的传播。

2）精细饲喂控制系统。猪的基本信息写入电子耳标中，信息一般包括一个唯一的序列号，并将电子耳标扣在猪耳朵上。气动门安装有红外感应器和滚动的滑轮，猪站在气动门外红外感应器有效感应距离内时，气动门会打开一道缝，猪通过滑轮挤进站内，猪个体完全进入后，气动门会自动关闭，防止其他猪进入。饲喂站采用全封闭式结构设计，防止其他猪抢食和干扰正常采食。当母猪个体通过气动门进入精细饲喂站时，读写器通过天线自动读取该母猪耳标信息并进行身份识别，同时将母猪个体信息传送到计算机中，与现有数据库规则进行比较推理，利用模糊控制技术将饲料槽得到的饲料重力反馈信息进行逻辑推理，得到最佳的饲料投放量和下料速率。猪吃完当天的饲料配额，不管再触发多少次阅读器，计算机不会发出打开饲喂槽上盖的命令，猪就会自动从前门离开，别的猪再排队等待进食。如果计算机得到某只猪连续几天没有进料记录，则说明这只猪有异常情况，计算机管理系统会自动提示信息，以便饲养人员及时进入猪舍查明具体情况。猪精细饲喂控制系统能够自动精确测定猪生长过程中的各项数据、自动生成各种数据报表、自动绘制生长曲线，为种猪的选择、育种提供指标参数，也可以依据饲料实际饲喂效果的精准数据，选择最佳配方饲料。

3）防疫系统。猪的养殖过程中，需要根据肉食猪生产过程与猪场周边疫病情况给猪注射疫苗，此工作由技术人员完成。首先由技术人员决定何时给哪些猪注射多大剂量的何种疫苗，在仓库取出疫苗调配好后，进入猪舍对猪进行注射，期间要做好消毒工作。之后技术人员要将工作内容录入到猪的"疾病防疫记录"中。当饲养人员或摄像头感应器发现猪出现异常时,将及时通知技术人员到赴现场查看。技术人员判断出病情后进行治疗。如需药品到仓库取药后对病猪进行注射治疗,传染病需要对病猪换圈隔离,如"咬尾病"等疾病。技术人员在治疗过程中需将病猪的状态修改为"某某病",同时将治疗过程录入猪的"疾病防疫记录"。如病猪死亡要及时清理和消毒,防止疫病蔓延,技术人员修改猪状态为"死亡"。

4)配种系统。到了猪的发情期,首先技术人员推算发情期临近,饲养人员或摄像头感应器发现猪出现异常,技术人员现场查验确定猪到了发情期,便将猪状态修改为"发情"。之后技术员决定种猪与母猪配种。交配过程需饲养人员配合将母猪与种猪换圈到指定交配场地,交配结束后返回原圈。技术人员根据交配过程入猪"配种记录"。配种后饲养人员与技术人员观察母猪情况,确定母猪受孕后,技术人员修改母猪状态为"妊娠"。母猪分娩时技术人员推算分娩时间,与饲养人员提前到场准备。由于母猪分娩时间持续较长,这段时间人力会比较紧张,管理人员要仔细调配。母猪分娩结束后,技术人员为母猪录入"分娩记录",为新生小猪编号,录入"出生记录",根据母猪"配种记录"录入"种猪谱系记录"。一定天数后饲养人员将小猪换圈到保育仔猪区,并在新出生的小猪30天后,为其佩戴电子耳标,记录相关信息。

5)出售系统。饲养期临近结束,饲养人员与技术人员需提醒管理人员,管理人员尽快安排成猪出售工作。生猪饲养期结束出栏,技术人员修改状态"成猪",并应尽快出售。出售分两种情况,猪场运猪外出或购买人进猪场运猪,两者都需要注意消毒工作。售出的猪状态由管理人员通知技术人员修改为"售出"。死猪及售出猪资料应定期清理。对于猪场成猪的销售对象,饲料药品疫苗的购买对象,上级相关管理部联络人员、税务人员、管理人员都应记录联系方式与基本情况。

6)粪污处理系统。畜牧生产所产生的粪污可以被耕地利用,实现生态畜牧业的良性循环。牧场粪污处理的主要渠道是还田、生态利用,及其他方式如制沼气、发电。猪场粪污与猪场的清粪工艺密切相关,猪场的清粪方式有干清粪、刮粪板、深池式、拔塞式及水冲式。猪场的粪污处理主要用于制作有机肥,粪污一般自然发酵6~9个月后即可直接利用,还可以将粪便通过高温腐熟堆肥加工成复合有机肥料的加工,产品用于特种种植业可以获得较好的经济效益,一年出栏万头的商品猪场有机肥设备投资 20 万~40 万元,一年可生产大约 2000t 有机肥料。粪污还可以制沼气,沼气可以供应农户作燃料或发电使用,这种方式可以应用于大型养猪场。

畜牧产业的规模化增长,一大批中型、大型畜牧养殖企业的产生,一些包括饲料、兽药、疫苗、养殖、加工、销售等畜牧产业链条上发展较快的龙头企业的形成,更有一批畜牧企业成功上市,就预示以全球市场为目标、以设施自动化养殖为特征(见图 6-3)的 3.0 时代的到来,该时代是以信息化为主导的技术密集型和资本密集型的高效畜牧业和环保畜牧业,通过提升产业化、集约化和自动化的水平等手段,实现高投入高回报、节能环保、可持续发展。

图 6-3 畜牧业 3.0 示例

畜牧业 3.0 时代的养殖场大多能养 15000 头猪、500 头肉牛、150000 只蛋鸡,猪和肉牛的出栏率达到 130%~190% 和 35%~60%。这种高效畜牧业不仅可为本地区或本国人们提供优质的肉、蛋、奶,而且还具备了把畜禽产品出口其他地区或国家的生产能力,养殖户的生活达到了中等收入的水平。劳动生产率、出栏率及生活水平比 2.0 时代又有了大幅度的提高,主要原因除了合作共赢的畜牧业合作制以外,规模化、产业化、集约化、设施化及自动化是畜牧业

3.0快速发展的主要推动力。主要体现在以下几个方面：

1. 合作共赢的畜牧业合作制

虽然畜牧业3.0仍然以家庭牧场为主要经营方式，但各养殖户彼此间视为利益共同体，而不是竞争对手，他们生产的畜产品几乎完全相同，在市场上销售也没有自己的标志，因此全部具有相同的市场地位。由于这种共同的特点，各养殖户间结合起来，其实体就是为养殖户提供各种周到的社会化服务的合作社。这种服务组织下连养殖户，掌握并反映养殖户的要求，上为政府和相关机构制定农业政策提供建议。另一种组织体系是畜牧业协会、饲料协会等各种协会，这些协会把养殖户联合起来，目的是加强牧场主的政治地位和社会地位，从根本上保护牧场主和相关从业人员的利益。这种服务组织，不仅帮助养殖户减少生产、加工、销售过程中的成本，增加收入，还在保护养殖户的切身利益方面起到了重要作用，一定程度地促进社会的进步与稳定。

2. 建立大规模专门化商品生产服务体系

大规模生产单位比小规模生产单位具有明显的优势，体现出畜牧业3.0集约使用投入品、技术和资金的大规模经营和专业化生产的特点和趋势如下：①大力推进规模化、产业化、设施化、自动化饲养，是畜牧业3.0建设最主要也是最直接的做法。因大量新技术的采用、自动化机械和专业化设施投入的增加，养殖场的数量相对减少，但规模却越来越大，并且越来越产业化、专业化和集约化；②建立相当完善的畜牧业社会化服务体系。畜牧业社会化服务体系由国家、集体（合作社）和私人组织共同承担，虽然服务组织形式不尽相同，但真正的主角是合作社和私营涉农工商企业，服务内容包含了从良种引进、品种选育到疾病防治、检疫监测、灾害预测防范、产品保险供应等各个方面，有力地支撑着畜产品规模化生产，促进畜牧业的一体化经营。

3. 注重科研技术的研发与推广

推动畜牧业3.0发展的动力除了市场的拉动和政策的引导以外，科技的推动也起着关键的作用。高度重视畜牧科技的研究、扩散与推广工作是畜牧业3.0的核心环节和主要经验。通过科研机构和推广部门有机结合，相互配合，形成了畜牧业技术研发、推广网络，使得一大批高新技术得到有效示范推广应用，大大提升畜牧业的水平。

首先，随着禽品种改良和良种普及化程度的提高，畜禽的总体生产能力大大提升。包括整合资源开展联合育种范式和产学研合作利益联结机制，在政府和协会的统筹协调下，实施联合育种，充分挖掘利用优秀种质资源，实施统一遗传评估，建立统一育种信息共享发布机制，从而促进遗传改良速度的加快。同时，利用跨国育种公司在全球范围内整合资源，寻求伙伴开展联合育种。育种体系不仅包括相关高校和科研机构，公司和生产者等市场主体在育种过程中也高度参与，以大育种公司为主导，与高校和科研机构进行合作，建立以市场为导向的产学研利益联结机制。

其次，高度重视畜牧科技推广，促进畜牧科技成果的普及和利用。广泛应用自动化技术、人工授精育种和优质饲料，推广先进的畜产品加工技术，生产高附加值的加工畜禽产品。注重加强畜牧业技术推广队伍建设和充足科技推广经费支持，辅助畜牧业推广机构建立的全国性计算机信息推广网络平台，通过建立以政府为主导，牧场、企业和个人等多元化的畜牧业技术推广体系，确保更广范围的人们接受培训并加以实践，推进世界畜牧业的发展。

4. 注重畜产品质量安全和动物疫病防疫

与畜牧业 2.0 时代相比，畜牧业 3.0 时代对食品安全、动物疫病防疫问题的重视程度更高，管理机制更完善，检测技术手段更先进，有力地保障食品安全和疫病的防控，主要表现在以下三个方面：①构建畜禽产品安全追溯。畜牧业 3.0 把畜禽产品质量作为衡量牧场主信誉度的标准，而畜禽产品信息的可追踪系统起到了以统一标准为中心的畜产品质量安全配套管理体系的保障作用，这个追溯系统包括从原材料的产地信息，到产品的加工过程，直到终端用户的各个环节；②畜牧业标准化是规范畜禽产品市场经济秩序、保障畜禽产品质量和消费安全的基本前提。在畜牧业 3.0 时代，包括生产环境、生产过程与工艺、严格产品质量的畜牧业标准化在内容和形式上已经相对成熟，通过产前、产中、产后各环节标准体系的建立和实施，从而达到高产、优质、高效的目的；③注重提高动物疫病防疫控制能力。建立健全的兽医防疫和监测预报体系，通过卫生专业人员和其他学科之间的跨部门和机构合作，加强国际和区域合作与协调，确保动物健康免疫，提高畜禽产品质量，从而确保消费者食用安全营养的畜禽产品。

6.4 畜牧业 4.0

伴随着移动互联网、物联网、大数据、人工智能、云计算等尖端科技的创新应用,畜牧业即将进入以无人值守牧场为特征(见图 6-4)的 4.0 时代。畜牧业 4.0 是超高产、高效、优质、生态、安全的智能畜牧业。这一崭新时代,不仅养殖的畜禽数量和质量、出栏率及劳动生产率有了大幅度的提升,而且对劳动力的需求非常少(主要是管理人员和技术人员),能够以不到 1% 的畜牧业劳动力就能养活整个地区,甚至可为其他地区和国家提供高品质、高营养的肉、蛋、奶,养殖户的生活达到富裕的水平,牧场主成为富人群体中的一员,畜牧业也将成为令人羡慕的行业。

图 6-4　畜牧业 4.0 示例

畜牧业 4.0 涉及畜牧学、繁殖学、动物遗传育种学、动物营养学、饲料学、草业学、分子生物学、化学工程学、机械工程学、信息工程学、工程管理学等多学科的交叉,实现"畜牧业 4.0"则需要畜牧业-工业-信息业的高度融合。其主要表现形式包括 GPS 或北斗卫星定位追踪、放牧带信息收集和管理、草地资源保护及循环利用系统、畜牧业机器人、"互联网+购买+销售+追溯"、畜牧业多元协同化、优质牧草培育、分子生物学动物遗传育种、动物疫病的预防诊断和治疗、抗病基因片段植入,借以抗病乃至于降低兽药需求。同时,畜牧业 4.0 将有力地推动整个农业向 4.0 迈进,将现代信息技术与畜牧业生产、经营、管理、服务等整个产业链融合,通过畜牧业生产经营流程的创新与再造,实现牧场的无人值守化,畜牧业 4.0 技术体系如图 6-5 所示。

	GPS·或北斗卫星定位追踪	放牧带信息收集和管理	草地资源保护及循环利用系统		畜牲学繁殖学	动物遗传育种学	动物营养学
畜牧业机器人	互联网+购买+销售+追溯	畜牧业多元协同化	优质牧草培育	分子生物学动物遗传育种	饲料学草业学	分子生物学	化学工程学
	动物疫病的预防诊断和治疗	抗аминкислотном基因片段植入	牧场的无人值守化		机械工程学	信息工程学	工程管理学

图 6-5　畜牧业 4.0 技术体系

6.4.1　智能牧场养殖信息系统

畜牧业 4.0 的智能牧场养殖信息系统是在集成多种尖端科技的基础上，根据牧场信息化需求，建立以牧场为中心的管理机制，以 RFID 电子耳标识别带动养殖日常管理，通过畜禽基本信息管理平台、畜禽电子履历查询平台、畜禽疾病档案管理平台、畜禽防疫管理平台、畜禽生长发育管理平台、畜禽营养管理平台、畜禽繁殖管理平台、基本信息管理平台、报表管理平台、乳牛产奶量管理平台等，实时、全天候地掌握各养殖场的动态信息，实现畜牧养殖管理的精细化、自动化、智能化和无人化。如图 6-6 所示的就是一个精细化乳牛管理平

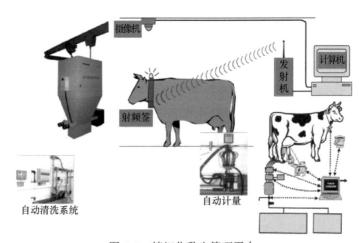

图 6-6　精细化乳牛管理平台

台,该平台系统通过使用传感网应用中间件,适配不同的主流读写设备,保障信息采集灵活性的同时,传感网应用中间件可以实现信息的过滤,保障采集信息的有效性。该平台系统针对畜禽养殖海量数据实现智能分析与数据挖掘,并融合了畜禽养殖专业技术团队所提供的知识和技术服务,实现全面感知、可靠传输、智能分析、自动控制的全闭环、全覆盖的畜禽动态监测。该平台系统的投入,不仅可以大大减轻养殖户的劳动强度,也能使他们的畜禽生产效率及效益得到大幅提升。

6.4.2 "互联网+"畜牧业

畜牧业 4.0 将出现为畜禽产业提供基于云计算和大数据的智能服务平台——"互联网+"畜牧业,如图 6-7 所示的"畜牧联网"系统。该系统包括畜牧管理、畜禽易购、畜牧金融。其中,畜牧管理平台提供牧场管理、市场信息、物资管理、财务管理、技术培训、每日畜牧价格查询、疫病远程诊断、畜禽养殖知识学习等一系列服务,为养殖户打造一个 360°的智能化服务体系,同时全方位采集牧场信息,积累大数据,包括养殖中产前、产中、产后的饲料,活畜禽和畜产品价格、销售、库存、运输、繁殖管理、自动饲喂、自动分群、自动发情监测、机器人配种、疫病监测等实时动态信息,通过网上共享,为畜牧业者提供云端服务,为政府和相关机构制定畜牧业发展政策、市场预测和生产决策提供依据。畜禽易购平台提供网上畜禽买卖服务,使畜禽产品电子商务、订单畜牧业、拍卖畜牧业成为畜牧产品的主流交易方式,同时为养殖户提供饲料、动保、疫苗等生产资料的购买服务。畜牧金融平台利用畜牧管理和畜禽交易积累的大数据,依托征信模型,形成一个不同于传统商业银行、面向养殖户的普惠制畜牧业互联网融资新模式。通过"畜牧联网"系统获取的生产经营数据和交易数据,以及对养殖户深度服务获取的基础信息,利用大数据技术建立

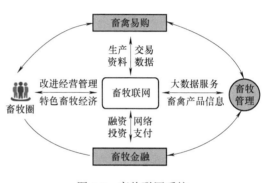

图 6-7 畜牧联网系统

客户资信模型，形成较强的信贷风险控制力，为符合条件的用户提供不同层次的金融产品。

另外，"畜牧联网"系统还将拥有为畜牧产业链服务的手持终端、"畜牧联网"公众管理平台和智能设备App等多款相关产品，吸引众多的忠实"畜牧联网"系统粉丝，由他们构成"畜牧联网"系统的潜在用户群体，即"畜牧圈"，使他们不仅在用"畜牧联网"系统来改进自己的经营管理，网上开展畜牧市场，而且通过推出数字牧民之家、特色牧区旅游、特色畜牧经济和招商引资等各项内容，充分利用"互联网+"的跨时空、交互式、整合性、超前性、高效性及经济性，实现资金流、物流和信息流在牧区的应用，通过这种"互联网+"畜牧业方式加强信息的多源化、知识的广博化、市场的强劲化、法治的常态化和网络的智慧化。

6.4.3 牧场的无人值守化

畜牧业4.0的养殖场将引入先进传感、智能机器人、无线传感器网络及大数据环境下的数据流计算、数据仓库和信息整合等技术。这样工作人员就不需要直接到达各个养殖场的现场，只需利用智能监控中心、智能设备及安装在养殖场和相关区域的大量传感器、自控设备和机器人，实现对畜禽及周围环境信息的不间断感知，接入互联网及云架构物联网，对所获取的海量数据进行智能处理，实时显示在手持终端上，这样就可以及时全面地掌握养殖场的情况。在养殖场内，利用各类机器人进行乳牛的挤奶、牛群的放牧、家禽的饲喂和饮水、禽蛋的收集等工作。畜禽健康状态将在大数据分析支持下得到实时的监控和干预，新生畜禽将享有更加精准的优生优育的筛查和干预，畜禽疫病的预防预警将及时准确地推送给工作人员，被动医治将被主动预防代替，不过一旦有畜禽生病将立即进行干预并快速治疗。例如，通过在畜禽体内植入纳米传感器来对它们的健康情况进行实时的监测。一旦监测到畜禽生病，通过机器人兽医立即为生病的畜禽进行诊断，并开具药方；机器人药剂师再按照药方为其提供相应的治病药物。从而及时地医治生病的畜禽，避免疾病传播感染给其他畜禽，有效地防止畜禽疫情的发生，确保养殖生产的安全性以及工作人员的健康和生命安全。利用上述技术及系统，不仅实现了畜禽的福利养殖，而且大幅度地提高了繁殖率、产奶率、产蛋率及肉产品的品质。

1. 智能乳牛挤奶机器人

畜牧业 4.0 将全面应用如图 6-8 所示的智能乳牛挤奶机器人。需要挤奶的乳牛会主动排队等待机器人提供服务。在为乳牛进行挤奶时,机器人首先会对乳牛乳房进行自动定位,接着对乳房进行消毒,将吸奶器固定之

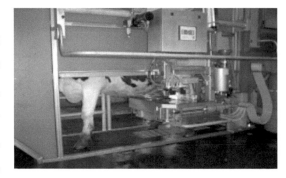

图 6-8　智能乳牛挤奶机器人

后,很快就能完成挤奶工作。除负责挤奶外,机器人还能对分乳区、每个乳区的奶量及牛奶的质量进行自动监测,如牛奶的糖分、颜色、脂肪、电解质、蛋白质等都是机器人要监测的项目,装配有牛群导航仪的机器人还能够监测牛奶当中的乳酸脱氢酶。质量不合格的牛奶,会自动装入专门用于存储废奶的容器中;即使是合格的牛奶,为了保障牛奶的品质,机器人也会将最初挤出的一小部分牛奶作为废奶处理掉。另外,机器人还可以自动统计并分析乳牛的健康状况、产奶量、挤奶频率等,并将其存储到存储系统中,一旦发现数据异常,机器人可以自动发出警告。同时机器人还负责自动发料给乳牛并自动监测乳牛的饲料消耗,同时也监测乳牛的活动量,并且提供在线的体细胞检测等。

2. 智能肉牛管理机器人

畜牧业 4.0 将应用拥有先进的感应系统及全球定位系统的智能肉牛放牧管理机器人,如图 6-9 所示。该机器人能自动检测牲畜群的运动速度,并驱赶它们在沟渠、沼泽、山丘等不同的牧场地形中移动,实现自主放牧肉牛、管理牛群的功能;同时通过安装的各种不同的热量和

图 6-9　智能肉牛放牧管理机器人

视觉传感器,实时监测肉牛的体温和行为变化,跟踪监测肉牛的健康状况;利用机器人上安装的色彩、纹理和形状传感器还可以检测牧草的质量。智能肉牛

管理机器人通过安装牛犊自动管理装置,针对犊牛特有的口腔活动和反刍行为自动适时补充粗饲料,以降低动物的异食癖,适时提供干草料和代乳料的组合饲料,降低口腔异常活动,提高反刍率,满足铁元素的需要,避免牛犊缺铁导致贫血进而发生疾病甚至死亡。智能肉牛管理机器人还具备使牛舍保持适宜的温度、湿度、空气流通等环境监控的功能,同时还具备牲畜粪便自动处理功能,水冲式清理养殖场里的粪便,快速将粪尿水中的有机物、悬浮物及其他固体物质分离出来,不仅降低化粪池的要求,还避免造成任何营养成分的浪费。

3. 智能生猪养殖监控系统

如图 6-10 所示的智能生猪养殖监控系统,能满足猪舍空间大及温度、湿度、有害气体等分布不均匀等复杂环境综合监控要求,实现规模化生猪养殖的自动化、精准化、智能化和可持续化。该系统利用无线传感器技术对猪舍环境温度、湿度及有害气体浓度进行自动采集,根据采集到的环境参数生成控制算法,并对风机及降温、加热设备进行自动化控制。通过采集猪

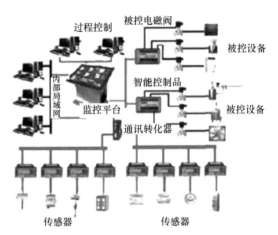

图 6-10 智能生猪养殖监控系统

周围局部空间的环境参数值,可以更加真切地反映猪的体感,也更有利于准确控制相关参数。该系统充分利用模糊控制、神经网络、遗传优化、混沌控制等智能控制算法,使系统监控赋予智能化。对舍外环境进行监测,可以及时处理有害物质,进而减少有害气体的排放,体现了该系统监控的可持续化。

4. 智能家禽养殖监控系统

智能家禽养殖监控系统可对富集型笼中的家禽的健康状态及饲料质量、饮水器中水量情况进行实时监控,不但可以保证营养丰富的优质饲料和充足新鲜的饮水,还能通过日常的饲料消耗量和耗水量,自动对家禽健康状态进行预测,同时帮助工作人员收集鸡蛋、鸭蛋、鹅蛋并利用机器人进行自动装卸,如

图 6-11 所示。该系统还能实时监控养殖区的温度、湿度、有害气体、粉尘、病原微生物浓度等养殖环境信息,及时自动清理家禽养殖过程中的粪便等垃圾,并对禽舍进行全面清洗和消毒,同时能收集鸭毛和鹅毛并对其进行分离,用于加工成羽绒制品。类似于智能生猪养殖监控系统,智能家禽养殖监控系统也具备保证适宜温度、湿度、空气流通的功能。通过安装育雏期仔鸡的

图 6-11 禽蛋自动装卸机器人

红外线断喙系统,利用红外线光束穿透鸡喙硬的外壳层,直至喙部的基础组织,减轻禽类断喙过程中的应激反应。

上述的各种智能畜禽养殖监控系统不仅实现能畜禽养殖的无人值守生产,大大地减少劳动力的使用,而且还充分考虑了畜禽养殖的福利化,大幅度地提升畜牧养殖的效率、效益及畜禽产品的品质。

6.4.4 畜牧业的智能化

畜牧业的智能生态化是通过生态位、食物链、物质共生及物质循环再生等原理的共同作用并借助系统工程方法和现代科技研究成果,因地制宜、因时制宜、因事制宜发展生态畜禽养殖业、生态畜禽产品加工业并进行废弃物无污染处理等,促使生态效益、经济效益、社会效益三位一体的显著提高。发展畜牧业 4.0 的重要内涵就是使畜牧业越发智能生态化(见图 6-12)。树立智能生态化理念,避免过度放牧,积极保护牧草资源的基础上,引进优质的畜禽品种,改进饲养方式,积极推进畜牧新技术研发,实现科学化和专业化的畜牧生产,推广精深加工技术,提高畜产品的附加值,这是发展畜牧业 4.0 的根本保障。因此,研发能降低畜禽粪便中的氮素污染的新技术,充分改善养殖生态环境;研发用来吸附、抑制、分解、转化排泄物中的有毒有害成分的新方法,以减轻或消除畜禽排泄物及其气味的污染,如在猪舍内使用光触媒空气净化器,降低猪

舍内氨气和微粒的浓度，同时运用生物净化方式，实现对畜禽粪便及其污水的净化与污染消除；研发有效的畜禽粪便再利用技术，以达到减少粪便污染，实现废物资源化的效果，从而形成"饲草料种植-畜禽养殖-粪污处理（有机肥、沼气）-种植还田（大田作物、大棚、林地、花卉）"的循环产业链条。

图 6-12　畜牧业的智能生态示例

6.4.5　畜牧业的多元协同化

在"农业 4.0"的大框架下，农业是根本、水利是命脉、林草是屏障、耕地是关键、畜牧是基础、有机肥是核心。"畜牧业 4.0"的发展与农、林、牧、副、渔的发展息息相关，只有实现农、林、牧、草相结合等协同化经营方式，才能最终保证生态效益、社会效益、经济效益的共同提高。例如，开发林下草场，积极推广"粮、经、饲"的三元统筹种植模式，"农、林、牧、渔"的四元结合、"种、养、加、销"四元一体，探索林下种养、鱼菜菇共生的新格局，走出一条如图 6-13 所示的农、林、畜、渔、水等多元协同化发展的路子，并形成猪、肉牛、乳牛、羊、鸡、鸭、鹅等多元协同化的养殖、研发、加工、销售一条龙产业，业态上形成良性互补的绿色产业链。

畜牧业的多元协同还体现在一、二、三产业的融合。组建畜牧产业联盟或深化分工协作，采取公司＋合作社＋基地＋养殖户方式，发展线上线下有机结合的畜牧业，通过在牧场内修建亭台楼阁、流水人家等独具特色的休闲小镇，打造集生态、旅游、观光、教育、休闲、体验、娱乐等多种功能为一体的亮点产业，赋予畜牧业的科技教育、文化传承、生态休闲、旅游观光等价值，发展

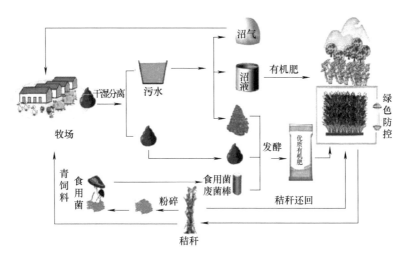

图 6-13 畜牧业的多元协同化示例

休闲观光畜牧业或创意畜牧业,或打造富有历史、地域和民族特色的景观旅游"牧家乐"产业,可吸引众多游客前来参观游览,更能吸引退休后的老年人来参与的领养畜牧业、兴趣畜牧业、体验畜牧业,老年人会把领养的畜禽当作喜爱的宠物来悉心喂养,既丰富生活、强身健体,又陶冶情操、娱乐心智,成为老年人乐不思蜀的最佳养老乐园。周末还会吸引父母带着孩子们来游玩,孩子们在与小动物们一起嬉戏中,收获开心快乐,也会从中汲取自然知识,培养他们的对动物的爱心。

总之,作为"农业 4.0"的重要组成部分,"畜牧业 4.0"必将成为国家经济战略发展的新的着力点,它是畜牧业与工业、信息业的宽泛的契合,它是生态建设的重点之一,是循环经济、低碳经济、生态保护的促进剂,它对于解决我国人口多、天然草地退化、水资源匮乏等短板及保证社会稳定至关重要,它也是保证粮食安全的重要因素,是农牧民增收的有效方式,必将极大地促进农业的可持续健康发展。

参 考 文 献

[1] 包军. 动物福利与健康养殖 [J]. 饲料工业,2012,33 (12):1-3.
[2] 陈凌风. 谈谈畜牧业现代化 [J]. 饲料研究. 1979 (3):6-11.
[3] 房佳佳,李海军. 规模化生猪养殖环境监控系统研究现状与发展趋势 [J]. 黑龙江畜牧

兽医，2017（5）：115-119.

[4] 顾景辰，张俊飚，罗小锋．世界生态畜牧业发展现状、趋势及启示［J］．世界农业．2007（9）：7-10.

[5] 胡游敏．畜牧生态经济可持续发展策略探究［J］．农技服务．2016，33（11）：156.

[6] 金耀忠，俞向前，王政，等．荷兰现代畜牧业发展的成功经验及其启示［J］．上海畜牧兽医通讯．2017，（2）：62-64.

[7] 李勇．探索中国式的畜牧业现代化道路［J］．北京农业大学学报．1980（3）：13-20.

[8] 刘志颐，张弦．国外现代畜牧业发展趋势及启示［J］．中国饲料．2014（20）：36-39，42.

[9] 苏宝兰．转方式挖潜力发展现代生态畜牧产业［J］．甘肃畜牧兽医．2016，46（11）：5-8.

[10] 唐珂．国外农业物联网技术发展及对我国的启示［J］．中国科学院院刊，2013，28（6）：700-707.

[11] 熊本海，杨振刚，杨亮，等．中国畜牧业物联网技术应用研究进展［J］．农业工程学报，2015，31（增1）：237-246.

[12] 徐骞．农业4.0：为粮食安全和生态文明带来什么？——访中国工程院院士金涌［J］．中国农资．2016，32（8）：4.

[13] 庄艳芳，戴娜桑，陈秋萍．生态畜牧业发展问题简析［J］．南方农业．2016，10（12）：161-162.

[14] 张明均．浅析我国生态畜牧业未来可持续发展策略［J］．中国畜牧兽医文摘．2016，32（11）：6-7.

第 7 章

水产养殖 4.0

传统的水产养殖业面临着水域环境恶化、养殖设施陈旧、养殖病害频发、水产品质量安全隐患增多、水产养殖发展与资源及环境矛盾不断加剧等突出问题，这些问题已成为我国水产养殖业健康持续发展的巨大障碍。在这样的背景下，改造提升传统水产养殖业，大力发展绿色、环保、节能、可循环的环境友好型生态养殖模式，对于实现水产养殖产业的健康、高效、可持续发展具有重要的现实意义。探索新型、标准化、智能化、集约化、产业化和组织化水平的智能水产养殖业已是大势所趋。水产养殖业 4.0 采用物联网、人工智能、大数据、智能装备等技术全面提升苗种繁育、病害防治、生产管理、技术服务、产品销售等养殖各环节的信息化和智能化水平，实现高效利用渔业资源、节能降耗、提质增效、降低生产成本、降低养殖风险、改善生态环境等目标，是我国水产养殖业未来发展的必然方向。

7.1 水产养殖 1.0——粗放的养殖时代

我国是世界上进行淡水鱼养殖历史最悠久的国家，公元前 460 年，我国出现了世界上第一本养鱼文献——《养鱼经》，我国养鱼史上的著名始祖范蠡用文字详细记载了池塘养鲤的环境条件、繁殖和饲养方法。汉末三国时期的《魏武四时食制》中讲到:"郫县子鱼黄鳞赤尾,出稻田,可以为酱"。就是在稻田里养出小鲤鱼做酱,证明我国在那个时期就已经在稻田里养殖鲤鱼了。在唐代,我国的淡水鱼养殖进入了一个新的发展阶段,开始了青鱼、草鱼、鲢、鳙、鲮的养殖,从单品种养殖扩大到多品种混养。南宋时期,人们对青鱼、草鱼、鲢、鳙的摄食习性已有基本了解,养殖区域和养殖品种进一步扩大。明代的养鱼技术更加完善,已有文字详细记载鱼池建造、鱼种搭配、饵料投喂、鱼病防治等内容。清朝时期我国劳动人民对鱼苗生产季节、鱼苗习性、过筛分养和运输等技术的掌握更加成熟,开始进行鲂鱼、鳊鱼的养殖。

由于农村生产力发展水平的局限,传统水产养殖主要依靠人力劳动,养殖规模小,经营分散,生产效率低下,渔民持续、稳定的增收难以保障,这些因素反过来制约了养殖设施系统集成度的提高。由于缺乏必要的设施设备,传统水产业以粗放型养殖为主。多数池塘养殖场普遍存在养殖设施破败陈旧、池塘坍塌淤积严重、水质调控能力弱、受水污染影响大、鱼病暴发严重、药物用量大、用水量较大以及水资源大量浪费和养殖污染严重、养殖效益不高、食品安全不能保障等问题,严重影响了我国池塘养殖业的可持续发展。落后的池塘设施系统不能为集约化的健康养殖生产提供保障。渔业生产完全依赖人力传统养殖模式,靠天吃饭,劳动生产率低,作业环境艰苦,抗风险能力低,水产养殖业仅是当时解决温饱的一个重要手段(见图 7-1)。

a)   b)   c)

图 7-1 人力为主的水产养殖 1.0 时代
a) 人工投饵 b) 粗放式养殖模式 c) 人工捕获

7.2 水产养殖2.0——设施化养殖时代

随着设施技术、渔业装备技术的发展，从20世纪80年代以来，我国水产养殖业进入了设施化养殖阶段，增氧机、投饵机、温室大棚等设施开始在水产养殖业得到广泛应用，养殖环境调控能力得到增强，通过增氧、调温等方式人为干预水产养殖环境，提高了生产效率，降低了养殖风险。

（1）设施化池塘养殖

池塘养殖设施以"进水渠+养殖池塘+排水沟"模式为代表，成矩形依地形而建，纳入自然之水，用完后排入大自然。一般池塘水深1.5~2.0米、5~15亩，设施系统构造简易，主要配套设备为增氧机、投饵机、水泵等简单机械装置。增氧机以叶轮式、水车式为代表，水车式增氧机通过桨叶高速击水，把空气搅入水中，达到增氧的目的，适用于水浅的池塘，不会搅动底泥，能保持池水清爽。叶轮式增氧机工作时叶轮旋转，搅拌水体，产生提水和推动水体混合的作用。投饵机多为定点抛洒式，可按预先设定，实现定时、定量投喂。淡水池塘以养殖鱼类为主，海水池塘以养殖虾类为主。

设施化池塘养殖如图7-2所示，其主要特点如下：

1) 设施化程度低。设施简易，造价低，受灾害影响大，应用普遍。

2) 养殖品种有局限性。水温受地域气候影响，南方地区小型池塘有时用塑料大棚提高冬季水温。

3) 水质调控能力弱。主要依赖自然水质和池塘在光、藻、氧作用下的自净能力；增氧机是人工补氧，改善水质，并向高密度养殖对象供氧的唯一装置，投放生物制剂也是常用手段。

4) 用药量大。主要依靠药物防治病害。

5) 受水源污染影响大。污染水一旦进入养殖池会造成毁灭性损失；设置蓄水池越来越重要，许多时间处于不换水状态。

6) 用水量较大。养殖1吨鱼用水量为10~15立方米。

7) 排放无节制。排放水随即流入自然环境，淤泥沉积每年10cm左右，一次性清出。

8）工厂化程度低。以自然经济为主，依赖地域环境，季节性生产，人工劳动为主。

图 7-2　设施化池塘养殖

(2) 工厂化养殖

工厂化养殖从"设施大棚+地下海水"起步，系统水平逐步提高，到 20 世纪 80 年代末，我国大多数的海水工厂化养鱼系统设施设备依然处于较低水平，只有一般的提水动力设备、充气泵、沉淀池、重力式无阀过滤池、养鱼车间和开放式流水管阀等，大部分以"源水预处理+进水管渠+砖混鱼池+排水渠"的流水式为代表模式，主要用于鳗鱼、冷水性鱼类以及海水鲆鲽类养殖。鳗鱼养殖系统的以山泉水和地下水进水加设施大棚模式为主，冷水鱼养殖系统采用山涧溪流、河道供水加露天砖混鱼池模式，鲆鲽类养殖系统主要采用地下卤水加设施大棚模式，长流水或间断性进排水。

传统的工厂化流水养殖如图 7-3 所示，该模式具有下述特点：

1) 由于缺乏排放水净化技术与设施装备工程，能实现物质循环再利用的较少，养殖过程中的残饵、粪便等排泄物直接排入海中，污染环境，造成近岸富营养化严重。

2) 用水量过大，浪费水源，生产 1 千克鱼约需消耗 200～300 立方米的天然海水。

3) 由于受外界不确定性因素的影响，容易发生病害，死亡率较高，经济损失较大。

4）养殖的鱼类因病施药，药物残留较严重，不符合食品安全的要求。这些弊端不仅仅是技术上的原因，更主要的是基础设施与设备建设相对落后，渔业发展受限于落后的养殖设施，生产效率低下。

图 7-3　工厂化养殖

（3）网箱养殖（见图 7-4）

图 7-4　网箱养殖

我国海水鱼类网箱养殖始于 20 世纪 80 年代初，20 世纪 80 年代基本上处于起步和技术积累阶段。进入 20 世纪 90 年代以来，随着多种鱼类人工繁殖、苗种培育技术以及养成技术的日臻成熟，网箱养殖呈快速发展。由于装备技术落后，我国绝大多数海水网箱的规格采用3~5米×3~5米×3~5米的正方体或（7.5米×3.5米×3~5米）的长方体网箱，网具网目在0.2~5.0厘米，养殖水体在9~125立方米。网箱框架通常为木质材料，结构简单，抗风浪和抗潮流能力差，只能设置于风浪相对平静的内湾或港湾，为传统型近岸小型网箱。养殖网箱过于集中分布在内湾10米等深线以内的现象在全国具有普遍性，而10~50米的浅海部分则几乎未被利用。海水网箱养鱼具有单位面积产量高、养殖周期短、饲料转化率高、养殖对象广、操作管理方便、劳动效率高、生产投入大、需要较高的技术水平、集约化程度高和经济效益显著等特点。我国海水网箱养殖自20世纪80年代以来发展极为迅速，已成为我国海水鱼类养殖的支柱产业。

7.3　水产养殖3.0——开启自动化养殖新篇章

随着水质传感技术、纳米技术和生物处理技术的快速发展，进入21世纪以来，水产养殖向着精准化、自动化方向发展。在池塘养殖系统中，通过建立水质与气象实时监测系统，获取溶解氧、水温、盐度、氧化还原电位等物理及化学指标和光照、气温、气压等气象指标，实现养殖环境信息实时监测和养殖装备的自动控制。微孔纳米管增氧技术已在国内得到大量普及和应用，大幅提高增氧效率，降低增氧能耗。工厂化养殖系统的水质调控以固形物过滤、生物膜过滤、杀菌、增氧为目的，在陆基工厂养殖中，微滤机、生物流化床、蛋白分离器、紫外杀菌等技术得到应用，陆基工厂养殖模式从流水为主向全封闭循环水养殖转变。通过20多年来的实践，我国的浅海网箱养殖业取得了长足的进展，无论是网箱养殖面积还是养殖产量都名列世界前茅，但从产业的总体水平看，与国外先进水平相比，在诸如养殖技术与操作管理水平、鱼病防控能力、单位养殖面积产量、鱼类品质、养殖饲料与营养、水产品精深加工、养殖配套设施以及集约化、机械化和自动化程度等方面，均存在较大差距。

7.3.1　工程化池塘精准养殖

工程化池塘精准养殖是指采用物联网技术、大数据技术、智能装备技术、实现池塘养殖过程信息实时获取、养殖过程精准控制、自动化操作，降低鱼类环境胁迫应激水平，为水生动物创造适宜、安全的生长环境，提高养殖效率、降低生产成本和劳动强度。

工程化池塘精准养殖通过生物检测技术、纳米技术、光学检测技术、机器视觉技术等方式，检测溶解氧、pH等主要水质参数，鱼类生理生态行为识别信息，根据环境因子对生理生态行为的胁迫规律，自适应调控养殖水体水质与相关控制措施。设计基于渔光互补技术的智能增氧系统，利用鱼塘水面或滩涂湿地，架设光伏、风电组件进行发电，形成"上可发电、下可养鱼"的创新发展模式。同时根据大数据物联网技术所获取的水质和环境信息，通过分析主要水质因子相互耦合作用机理，构建水质溶解氧预测预警模型，根据预测预警效果，动态控制增氧机的开启时间，在保持溶解氧稳定的同时实现节能降耗。

工程化池塘精准养殖针对传统投饵存在着投饵盲目、饵料浪费严重等难题，结合物联网技术、大数据技术、智能装备技术，对特定养殖品种在不同养殖阶段的营养需求进行精准化设计，探索环境因素、养殖密度、养殖对象摄食行为之间关系，建立不同生长阶段的营养需求模型，设计高转化率的饲料配方，制定以生长阶段、环境水温、水质条件等为前提的投喂策略。在池塘养殖系统中，通过建立水质与气象实时监测系统，获取溶解氧、水温、盐度、氧化还原电位等物理化学指标和光照、气温、气压等气象指标，根据主养品种、养殖容量、养殖周期、池塘条件以及成功的养殖经验，运用计算机进行自我训练与分析运算，得出所在时刻的投喂量和频率，通过远程控制系统操控投饵装备，物联网监控及自动投饵技术的实际应用如图7-5、图7-6所示。

图7-5　物联网监控

图7-6　自动投饵

工程化池塘精准养殖具有下述特点：

1）设施化、机械化程度高。水质调控采用由动力装置、底泥提升装置和水面行走装置等部分组成，可以自动光控或者遥控使用。采用微孔管增氧技术，具有增氧效率高、活化水体、改善养殖环境、提高池塘增氧效率、使用成本低、机械噪声低等特点。

2）配备具有智能增氧、精准投喂、预测预警、远程管理等功能的池塘养殖精准管控系统，实现精准养殖。

3）养殖自动化程度高，由于采用物联网监控系统，能实现远程自动化操作，大幅降低劳动强度。

4）养殖效益高，由于采用水质自动检测、微孔管增氧等技术，水体溶解氧含量保持在较高水平，养殖对象成活率、生长率提高，经济效益好。

7.3.2 陆基工厂循环水精准养殖

工厂化养殖是集约化养殖理念的主要呈现形式，主要分为陆基和海基两种适度集约化养殖模式，其中陆基工厂化养殖又包括集约化流水养殖和循环水养殖（Recirculating Aquaculture Systems，RAS）。循环水养殖具有养殖设施设备先进、管理高效、养殖环境可控、养殖生产不受地域空间限制、养殖产量高、可保障产品质量安全以及社会效益、经济效益和生态效益良好等特点，被国际上公认为是现代海水养殖产业的主要发展方向。我国陆基工厂化水产养殖始于20世纪60年代的工厂化育苗研究，逐步扩大至以名特优海水鱼类育苗和养殖为主，发展至90年代初，陆基工厂化养殖才开始步入规模化的经营之路，营运水平逐年提升。

循环水养殖模式是水产养殖诸多模式中工业化程度最高的一种生产模式（见图7-7），它与流水型养殖模式相比，可节约用水量90%以上，节约用地面积高达99%，而且通过污水处理还可以实现节能减排、环境友好型生产，已是众望所归。随着世界性的水、土资源日益紧缺和环境污染的加重，西方发达国家早已普及循环水养殖。我国的循环水养殖虽然起步较晚，但就鲆鲽类养殖而言，由于工厂化养殖在全国起步较早、基础较好，所以被认为是最有可能首先获得推广应用的养殖产业。海水循环系统的核心是水处理装备模块和链接技术，该技术的成熟度决定了整个系统的先进性、稳定性和经济性。我国海水循环系统在循环水处理的主要环节上，装备的种类基本齐全，技术总体上也已达到较高水平。传统的循环水处理工艺，即：鱼池（双排水）-筛滤-泡沫分离-一级或多级生物净化-杀菌-纯氧增氧-鱼池。各单位的装备在配套、组装中各有不同。具体而言，就是在筛滤单元上是采用转鼓式微滤机还是弧形筛；在杀菌单元上是采用臭氧还是紫外线（也有将该项工艺前移至泡沫分离环节）；生物净化则更多地采用2～3级浸没式生物滤池，也有采用较为先进的流化沙床工艺；纯氧增氧既有采用传统溶氧池，也有采用简易纯氧微孔释放结合水泵叶轮混合，还有运用高效低压增氧方式等。

图7-7 循环水养殖系统

陆基工厂循环水精准养殖是指采用物联网技术、大数据技术、智能装备技术来实现路基工厂化循环水养殖水质调控、水质净化、投饲智能化、自动化、精准化，提高水资源循环利用效率、节能降耗、降低劳动强度和养殖风险。陆基工厂循环水精准养殖采用物联网监控装备，通过收集和分析有关养殖水质和环境参数数据，如溶解氧（DO）、pH、温度（T）、总氨氮量、水位、流速、光照周期等，按照养殖水质的控制要求，运用生态工程学原理进行系统配置，运用信息化、智能化控制系统，对水质和养殖环境进行有效的实时监控，控制系统循环率，从而实现经济的节水与高效的养殖效果。根据进水量、水位等的变化通过PLC来调节微滤机转鼓转速、反冲洗频率，结合微滤机进水和出水水质的变化参数，优化微滤机控制模型、降低微滤机能耗及提高水质净化效率。

陆基工厂循环水精准养殖根据对养殖动物生理习性、摄食规律及营养需求分析，提供与其自然生存环境类似的摄食和投喂条件，研发出符合其营养需求的生态环保饲料，参考养殖动物摄食节律（如对光照、摄食时间等）加以投喂，保证养殖动物主动充分摄食，以减少饲料浪费。为了探索养殖动物最适宜投喂模式，相关人员以养殖动物最适宜生长和降低 NH_4-N、NO_2-N 排放量为目的，以鱼类群体性摄食行为为对象，分析鱼类在摄食不同阶段行为特点，结合机器视觉等技术、养殖对象生长模型和能量转化模型来进行基础研究，结合养殖投喂经验模型，研究适宜投喂量，筛选不同投喂次数，投喂时间间隔等，并对其进行系统综合和优化组合。陆基工厂循环水养殖精准调控系统如图7-8所示。

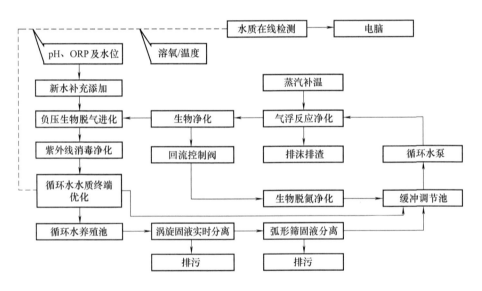

图 7-8　陆基工厂循环水养殖精准调控系统

注：ORP 表示氧化还原电位，图中虚线即表示水质在线监测系统。

陆基工厂循环水精准养殖具有下述特征：

1）养殖废水循环利用率大幅提高。由于采用循环水处理工艺和技术，提高了养殖废水处理效率，养殖废水循环量高达95%以上，实现了资源循环利用。

2）环境调控水平高。采用物联网监控技术，实现了养殖水体溶解氧、温度等自动调控，提高了资源利用效率。

3）养殖密度高、风险低。由于实现精准饲喂、自动环境调控，大幅降低残饵排放，提高了养殖对象环境适应性，养殖效益好。

7.3.3 网箱精准自动化养殖

网箱养殖是高投入、高产出、高效益的水产集约化设施养殖方式之一。网箱是指设置在相对较深海域，养殖容量较大，具有较强的抗风浪、抗流性能的海上养殖设施。该养殖方式在拓展养殖海域、减轻沿岸环境压力、提高养殖鱼的质量、增加养殖效益等方面已显示出明显优势。自20世纪80年代中期以来在全世界范围内发展迅速，特别是在挪威、美国、日本、英国、澳大利亚等国家，网箱养殖已从离岸管理转向陆基管理或海洋平台管理及自动控制系统管理，大大提高了生产效率和产品质量，养殖设施也由简单的 HDPE（高密度乙烯）圆柱形深水网箱发展到铰链海上浮式养殖"池塘"，进一步提高了海洋利用率，建立了海洋牧场的基础。网箱精准养殖设施化程度高，集成材料、机械、电子、苗种、饲料、环境等诸多方面，通过大数据、物联网、信息化、人工智能、智能装备等技术实现深水网箱远程自动管理。

智能化监控是智慧深水网箱的根本特征，通过遍布海洋及其陆域配套设施各处的传感器和智能设备组成"物联网"，综合利用 RFID（射频识别）、传感器、二维码技术，及其他感知设备对深水网箱各参与元素进行标识，随时随地对其进行信息采集，对深水网箱运行的核心参数进行测量、监控和分析，以此实现对深水网箱的全面感知。当代计算机大数据挖掘技术的诞生和逐步成熟为智能化提供了技术支撑。依托于数字化积累下的深水网箱历史运营数据，通过科学的算法建模，可以为深水网箱运转状态提供更科学有效的评估标准，甚至对下一步的运转状态进行预判，从而帮助经营者更好地控制成本投入、规避风险损失、提高养殖产品质量。

自动化精准饲喂是网箱精准养殖的特色，网箱精准养殖的实例见图7-9所示。由于网箱养殖的离岸特征，人工饲喂成本高、风险大，大部分网箱均采用精准投饵系统。网箱养殖精准投饵系统大多以海上平台为基础，配备的大型饲料桶仓漂浮在海面上，可以为远离陆地的多个大型网箱进行投饵。投饵系统完全由计算机控制，系统配备 GPS 定位系统、远程遥控系统、现场水域环境和气象条件监测系统、反馈自动控制系统。根据温度、潮流、溶氧、饲料传感器

（水中饲料余量）、摄像机系统（鱼类行为）和饲料状态等信息进行智能决策、自动投喂，根据温度、溶氧和机器视觉采集鱼的行为特征信息判断鱼的食欲，根据潮流及安装在养殖容器下方的红外、多普勒传感系统监测沉降到残饵收集装置中的残余饲料颗粒数量，变量调控投喂量、投喂速度、投饵机抛洒半径等参数，提高饵料利用率。网箱养殖监测技术示意图如图7-10所示。

图7-9　网箱精准养殖

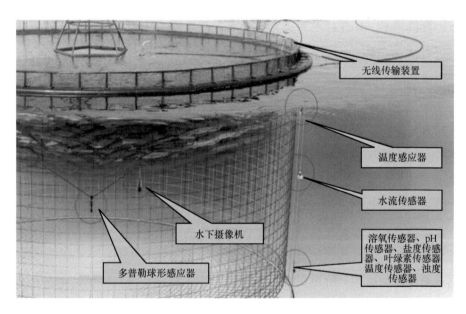

图7-10　网箱养殖监测技术

网箱精准养殖具有投资大、风险大、自动化程度高的特点，网箱鱼类养殖涉及海洋工程、材料科学、海洋生物与生态工程、海洋环境保护、海水鱼类养殖技术与操作管理技术、病害防治、饲料营养等多学科，是一项复杂的系统工程。作为一项新兴产业，从深水网箱制造、海区安置、苗种繁育、大规格鱼种培育、成鱼养殖、饲料营养及设施配套方面均需要突破其关键技术，形成网箱养殖产业链，实行规模化、集约化、产业化的生产经营，才能有效发挥网箱养殖业的优势。

7.4 渔业4.0——跨入无人系统时代

经过近三十年发展，我国水产养殖业从以体力为主转向以机械化、设施化为主；养殖管理决策由以经验为主转向以科学决策为主；以数字为核心的预测和决策技术将成为主要手段，养殖操作从人力为主转变为自动化、智能化操作。随着信息技术、装备技术的发展，未来水产养殖业发展的核心是以智能装备为支撑，以大数据人工智能为基础，以多层次、生态化养殖为主线，不断提升生产效率，降低生产损耗，调结构、转方式，促进产业转型升级。

7.4.1 智能生态养殖是池塘养殖未来发展之路

随着养殖产量的不断提高、养殖密度的不断增大，养殖池塘环境不断恶化，近年来，综合种养模式越来越受到广泛关注。多营养层次综合养殖（IMTA）是西方学者十分推崇的综合养殖模式，也是综合养殖的一种重要类型，其主要原理就是将一种养殖生物排出的废物变为另一种养殖生物的食物（营养）。中国早在1100年前开始的稻田养草鱼，就是通过水稻和草鱼间的营养关系实现养殖废物资源化利用的范例。草鱼食杂草，减少了杂草与水稻的营养竞争，鱼的粪便又对水稻起到了施肥作用。中国传统的草鱼与鲢混养也具有这样的功能，以草喂草鱼，草鱼残饵和粪便肥水养鲢。目前流行的许多养殖模式，如滤食性鱼类与吃食性鱼类混养、鱼与鸭混养、鱼与畜混养、鱼与菜混养、海带与扇贝和海参混养、海带与海参和鲍鱼混养等综合养殖等都基本是依据此原理。尽管上述这些综合养殖类型多样，但它们的基本原理相同，即通过不同营养生态位生物间的组合，使进入养殖系统的（营养）物质得到多次或反复利用，从而使系统内能量和物质的利用效率得到提高。未来水产养殖业将从单一品种向多品种、综合品种养殖转变，由简单粗放向集约化（设施化、精准化、智能化）转变；由高耗能向生态化、绿色化、有机化转变。

随着纳米传感技术（见图7-11）、生物传感技术（见图7-12）、微机械加工工艺等技术和工艺不断进步，水产养殖信息检测技术精度不断提高、成本大幅降低，使得规模化应用成为可能。同时，检测领域从单纯的水质参数检测扩展到养殖对象生理生态检测等领域，为水产养殖精准化提供了可靠的信息支撑。

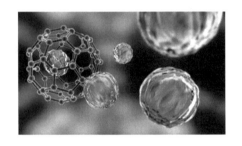
图7-11　纳米传感技术

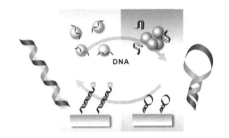
图7-12　生物传感技术

随着计算机技术、电子信息技术的发展，自动巡塘机器人、自动清淤机器人、自动分鱼器等技术将会被广泛应用于池塘养殖及其他劳动强度大、条件恶劣的环境，部分或全部取代人力，实现智能化、自动化作业。

7.4.2　智能化陆基工厂养殖

随着信息技术、渔业装备技术、水产养殖技术的快速发展，未来陆基工厂养殖将在系统选址优化设计、水质净化处理，自动作业等方面取得突破，实现智能化、自动化作业，精准化决策。

通过大数据分析，在选址设计时考虑地域、气候、生产条件等差异，从而因地制宜构建一个具有当地特色的封闭循环水养殖模式。运用工程学和经济学的方法，通过经济性分析，以寻找最佳的生产负荷和养殖规模，建立系统的数学模型。

开展高密度养殖、营养调控、投喂策略、养殖污水资源化利用、新能源技术整合应用，循环水技术（如反硝化反应器、污泥浓缩技术和臭氧处理技术）等优化，使得循环水养殖用水量、污水排放和能耗都进一步得到降低。

通过生物信息检测技术，研究高密度养殖条件下，高密度胁迫作用对动物机体产生一系列生理变化，研究养殖对象在高密度环境下的适应机制，掌握养殖和育苗生产中的适当放养密度，实现福利养殖。

自动饲喂机器人（见图 7-13）等装备未来将替代人工操作的传统投饵机等装备，实现自动化作业，同时根据实时抓取、观察、分析养殖水池的视频影像，则可在远程估计鱼类的体长、体重及活动状况。鱼类活动的分类（自然状态、摄食、交配、产卵或因压迫造成暴躁）与活动的量化，估计鱼体大小（体长、体重）可看到鱼类每天的生长情况，实现精准饲喂。

图 7-13　自动饲喂机器人

7.4.3　智能网箱养殖

由于网箱养殖具有养殖风险大、易受环境因素制约等问题，随着人工智能技术、大数据技术的快速发展，在渔业 4.0 时代，借助于信息技术，在网箱养殖选址设计、养殖过程自动化操作、精准化决策、收获过程自动化捕获等方面取得突破，实现智能化、自动化。

在网箱养殖前期，利用大数据技术实现在产前根据当地气候信息、海洋环境信息、市场价格信息、资源供应信息等历史数据优化网箱养殖场选址规划、养殖场设计建造流程，根据市场预警分析科学决策养殖鱼的种类、规模，有效避免由于市场环境波动、台风等自然灾害对网箱养殖的危害。在养殖过程中，借助于物联网监控技术实现网箱养殖过程环境实时监测，通过大数据分析，根据海洋环境信息和鱼类行为特征等信息，确定合适的养殖密度、合适的饲喂频率及饲喂量，实现自动精准饲喂。采用水下机器人实现网箱自动清洗、死鱼自动收集、残饵自动收集，采用机器视觉结合吸鱼泵实现成鱼自动分拣。产后全程信息可溯。为渔需物资供应商、渔业装备制造商、水产养殖企业、水产流通企业打造全链条信息化交互平台，优化资源配置，降低由于信息不对称所造成的资源浪费，提高生产效率。吸鱼船与水下作业机器人如图7-14、图7-15所示。

图7-14　吸鱼船

图7-15　水下作业机器人

参 考 文 献

[1] 雷霁霖. 中国海水养殖大产业架构的战略思考 [J]. 中国水产科学, 2010, 17 (3): 600-609.

[2] 刘宝良, 雷霁霖, 黄滨, 等. 中国海水鱼类陆基工厂化养殖产业发展现状及展望 [J]. 渔业现代化, 2015, 42 (1): 1-5.

[3] 陈军, 徐皓, 倪琦, 等. 我国工厂化循环水养殖发展研究报告 [J]. 渔业现代化, 2009, 36 (4): 1-7.

[4] 张福绥. 近现代中国水产养殖业发展回顾与展望 [J]. 世界科技研究与发展, 2003, 25 (3): 5-13.

[5] 方建光, 李钟杰, 蒋增杰, 等. 水产生态养殖与新养殖模式发展战略研究 [J]. 中国工程科学, 2016, 18 (3): 22-28.

[6] 刘国友. 健康生态养殖是水产养殖业发展的必由之路 [J]. 中国渔业经济, 2009, 27 (1): 18-20.

[7] 冯天乔, 刘付永忠, 于培松, 等. 我国水产养殖装备研制应用的发展与展望 [J]. 中国水产, 2015 (7): 91-93.

[8] 董双林. 高效低碳——中国水产养殖业发展的必由之路 [J]. 水产学报, 2011, 35 (10): 1595-1600.

[9] 董双林. 论我国水产养殖业生态集约化发展 [J]. 中国渔业经济, 2015, 33 (5): 4-9.

[10] 倪琦, 雷霁霖, 张和森, 等. 我国鲆鲽类循环水养殖系统的研制和运行现状 [J]. 渔业现代化, 2010, 37 (4): 1-9.

[11] 王峰, 雷霁霖, 高淳仁, 等. 国内外工厂化循环水养殖研究进展 [J]. 中国水产科学, 2013 (5): 1100-1111.

[12] 徐皓, 倪琦, 刘晃, 等. 我国水产养殖设施模式发展研究 [J]. 渔业现代化, 2007, 34 (6): 1-6, 10.

[13] 刘晋, 郭根喜. 国内外深水网箱养殖的现状 [J]. 渔业现代化, 2006 (2): 8-9.

[14] 郭根喜, 陶启友, 黄小华, 等. 深水网箱养殖装备技术前沿进展 [J]. 中国农业科技导报, 2011, 13 (5): 44-49.

第 8 章

农业市场 4.0——农业的"e"化经营时代

市场最初是被看作商品交换的场所,随着社会分工的日益深化,市场的含义发生了根本性的变化,市场成为由供给方、需求方、交易设施等硬件要素和交易的结算、评估、信息服务等软件要素构成的商务活动平台。农业市场是指采用特定的办法来组织农业的生产和经营。农业市场 1.0 时期主要特点是以地摊式集贸市场为主要交易场所;到了农业市场 2.0 时期,批发市场作为中间商成了农产品的主要交易平台;在农业市场 3.0 时期,农村电子商务异军突起,占据农业市场主流;农业市场进入 4.0 时期后,农资经营、农产品电商全面"e"化,农业生产资料、农产品的流通、销售等环节全面实现组织化、规模化、专业化;整个市场环节实现网络化、信息化、智能化。伴随着农业市场 4.0 的全面实现,新型农民将拥有一个庞大、全面而丰富的市场网络为其提供全方位的市场服务。

8.1 农业市场 1.0

8.1.1 地摊式集贸市场成为农业市场主场所

集贸市场是指由市场经营管理者经营管理,在一定时间间隔、一定地点,周边城乡居民聚集进行农副产品、日用消费品等现货商品交易的固定场所。集贸市场是社会主义大市场的重要组成部分,是我国商品流通的一种形式,它在社会经济生活中占有重要的地位。改革开放以来,作为社会主义市场经济摇篮的集市贸易,先后出现了两次发展高潮,成为我国商品流通中不可缺少的重要渠道。改革开放后,我国农村集贸市场发展迅速,日益繁荣。农村集贸市场在衔接产需、引导消费、解决就业、增加税收、促进市场经济发展和推动社会文明进步等方面发挥着极大的作用。

中国的集贸市场有着悠久的历史渊源。"看那集上,人烟稠密,店面虽不多,两边摆地摊,售卖农家器具及乡下日用物件的,不一而足。",这种场景自古以来就是我国农业市场的缩影,也是现代农业市场的雏形,早在母系氏族时期,出现了"刀耕火种"的原始农业和畜牧业,生产物品已有剩余,为物物交换的产生提供了物质条件。随着氏族公社的发展,农业与畜牧业出现分工,剩余物品增加,由偶然性的临时交换逐步向经常性的交换发展。但是作为物物交换和简单商品交换的场所,尚不是真正商业性质的集贸市场。后来经过规范后,地摊一般有合法缴费的地摊和路边摊之分,并且长时间成为农资交易和农产交易的主要形式,是一种传统的货品交易方式。

8.1.2　地摊式集贸市场逐渐走向农业市场配角

农村集贸市场具有"大""散""杂""小"的特点。在农村集贸市场中从事交易的既有个体工商户、企业,也有企业的分支机构,有自产自销农产品、不需办照的农民,也有应该办理证照而未办证照的经营者,市场主体呈现出多样性和复杂性。因为农民购买商品多集中在赶集天,人多拥挤,市场的表面规模较"大";从经营场所看,有利用民房开设的店面,有在屋檐底下摆设的摊点,也有在路边铺起的地摊,市场的经营较"散";从经营的商品来看,不少经营者销售的商品中既有日用百货,又有副食,甚至还兼营农资商品,销售的商品较"杂";受经济实力影响,多数经营者的经营规模很"小"。农村集贸市场的缩影如图8-1所示。

农村集贸市场商品质量良莠不齐。目前农村集贸市场销售的产品普遍存在质量低劣的问题。就农副产品来说,近些年由于很多农户为了减少生产风险,都

图 8-1　农村集贸市场的缩影

与农产品加工企业、农副产品外贸出口部门及其他农业合作组织签订了供销合同，够规格、质量好的产品被收走，剩下规格和质量较差的产品进入了农村集贸市场。就工业品来说，城市不好卖的、城市卖不掉的或卖剩下的商品大量流入农村集贸市场，"三无"产品在农村集贸市场占有很大比例。就农药、化肥、种子等农贸产品来说，假冒伪劣也很普遍。注水肉、变质食品、农药高残留果蔬等充斥农村集贸市场。至于农产品质量等级化、包装规格化，更是无从谈起。有的不法业户居然将"洋垃圾"摆在了农村集贸市场上。一些农贸市场成了"假冒伪劣产品集散地"，严重侵害了消费者的合法权益。

农村集贸市场中无照经营和超范围经营现象比较突出。无照经营现象是市场经济的顽疾，部分合法经营者对此意见很大，部分消费者也很反对，一直是困扰工商部门的难题，农村集贸市场表现尤为突出。其原因一方面是由于经营者素质普遍较低、守法意识较差、主动办照意识不强，通常是先经营，直到工商部门巡查到，才不得已而办照；另一方面，一些特殊行业的前置许可手续办理程序比较复杂，如餐饮、药品行业，经营者主观上想办理营业执照，但由于不能提供完备的前置审批手续，工商部门便不能准予其进入市场，经营者受利益驱使，擅自无证无照经营；同时，无照经营的查处难度也较大，虽然国务院给予了工商部门《无照经营查处取缔办法》这把尚方宝剑，但在具体执行中却阻力重重，比如在面对一些经营规模小、效益差，特别是一些老弱贫困人员的无照经营以及超范围经营个体户，要实施查处取缔，确实让基层执法人员很为难。

农村集贸市场规划和交易秩序较乱。农村集贸市场是自发性市场，每逢赶集时，往往造成交通堵塞，拥挤不堪。由于缺乏必要的规划，也是既有五金建材，又有日杂副食，其专业化水平很低，不利于提升市场档次，阻碍了市场向专业化、规模化方向发展。

农村集贸市场卫生状况较差。集贸市场由于主体资格不明，清洁卫生的管理成了老大难问题，各乡（镇）政府通常是委托村（居）民委员会代管，由于卫生经费、管理体制等原因，很难管理到位，于是农贸市场成了"脏、乱、差"的集中地。

8.2 农业市场 2.0

8.2.1 批发市场作为中间商业组织成为交易平台

20 世纪 80 年代开始，由计划经济体制下国家统购统销的流通体系经过政策的引导逐步演变形成我国现有农产品批发市场流通体系。我国农产品批发市场是随着农产品流通体制改革而出现和发展的。农产品批发市场作为农产品流通的主渠道，发挥着集散商品、形成价格、传递信息等功能。它的兴起和发展，对加快农产品流通市场化，提高农民收入，满足消费者多样化与周年化的需求，提高流通效率等都发挥重大作用。近年来，经济快速发展，农产品市场日益国际化，农产品流通的环境与基础条件发生了变化，把握农产品批发市场的功能、结构变化状况及其发展趋势，对于改革的进一步推进、新时期的新农村建设、农业产业结构提升和农民收入持续稳定增加以及消费者福利等都有重要意义。

农产品批发市场（见图 8-2）是一种专门从事批发贸易而插在生产者和生产者之间、生产者和零售商之间的中间商。自从出现了以货币为媒介的商品交换以后，随着商品生产的发展，商品购销量逐渐增大，流通范围不断扩展，生产者和生产者之间、生产者和零售商之间常常难以进行直接的商品交换，或者有中间商业来作为媒介对他们更为有利，由此而产生了专门向生产者直接购进商品，然后再转卖给其他生产者或零售商的批发商业。批发商业的产生，使商业部门内部有了批发、零售市场之间的分工，有了一种生产者不与消费者直接发生关系的商业。

图 8-2　农产品批发市场

8.2.2　批发市场为电子商务时代的到来奠定了基础

农产品批发市场成为我国农产品流通的主流渠道、主要业态，是以粮油、畜禽肉、禽蛋、水产、蔬菜、水果、茶叶、香辛料、花卉、棉花、天然橡胶等农产品及其加工品为交易对象，为买卖双方提供长期、固定、公开的批发交易设施设备，并具备商品集散、信息公示、结算、价格形成等服务功能的交易场所。

按交易商品的种类范围，农产品批发市场可分为综合型批发市场和专业型批发市场两种。综合型批发市场日常交易的农产品在三大类以上，如北京新发地农副产品批发市场日常交易的品种有蔬菜、水果、肉类、水产品、调味品等。专业型批发市场日常交易的农产品在两类以下（含两类），如粮油批发市场、果菜批发市场、副食品批发市场等，还有只交易一个品类的如蔬菜批发市场、水产批发市场、水果批发市场、花卉批发市场、调味品批发市场、食用菌批发市场、山草药材批发市场、活禽批发市场、活畜批发市场、观赏鱼批发市场、禽蛋批发市场、种子批发市场等。某批发市场缩影如图 8-3 所示。

图 8-3　批发市场缩影

第8章 农业市场4.0——农业的"e"化经营时代

按农产品市场的城乡区位分布，农产品批发市场可分为产地农产品批发市场、销地农产品批发市场和集散地农产品批发市场三种类型。产地农产品批发市场是建在靠近农产品产地，以一种或多种农产品为交易对象的批发市场。销地农产品批发市场是建在城市近郊甚至市区，以多种农产品为交易对象的批发市场。集散地农产品批发市场是建在农产品产地和销地之间的便于农产品集散的地方，以一种或多种农产品为交易对象的批发市场。

按农产品批发环节关系，农产品批发市场分为一级批发市场、二级批发市场和三级批发市场。一级批发市场是直接从产地收购农产品、向中间批发商或代理商销售的批发市场；二级批发市场，其批发商从一级批发市场采购农产品，再销给中间商或零售商；三级批发市场，其批发商从二级批发市场采购农产品，再销给零售商，这类批发市场多从事进口农产品批发。

自2000年以来我国商贸批发市场进入规划、整合、升级与改造阶段，这一时期，多数的商贸批发市场开始重整规划，按照不同门类和功能重新规划市场，并伴随着硬件设施的升级与改造。一方面，一批交易规模大、辐射能力强的现代化大型商贸批发市场逐渐形成，促进了我国商贸批发市场的规范化、法制化发展。如山东寿光蔬菜批发市场，其辐射范围达全国20多个省市，是全国最大的蔬菜批发集散地、价格形成中心和信息枢纽。另一方面，许多中小型的传统批发市场陷入经营困境，并寻找转型机遇。伴随着消费者不断增强的品牌意识，许多品牌商开始自建渠道、自开网点或者直接与大型零售商合作。传统商贸批发市场失去了一批强有力的品牌支持，市场逐步萎缩、功能逐步弱化，它们或者被现代化大型流通组织所取代，或者通过转型升级获得新的发展空间。

从农产品供给角度看，我国幅员辽阔，地区自然条件差异大，农产品生产具有分散化、小规模特征，批发市场能够有效将小生产与大市场对接；从农产品需求角度看，消费者对农产品的需求是多品种的、偏好是多样性的，对生鲜度要求也很高，批发市场已经被证明是解决此问题的重要途径；从宏观经济角度看，农产品批发市场已经在我国农业产业化和城市"菜篮子"工程中承担了重要角色；从农产品批发市场自身看，市场管理水平不断提高、交易方式不断创新、物流配送等配套设施平台不断完善。尽管在单品种上，不能排除大型综合超市通过第三方物流向生产基地直接采购农产品的可能，但是从总体来看，大型综合超市直接从产地进行多品种采购具有很大的局限性,而从中心批发市场采购生鲜农产品仍将是未来相当长一段时期内的主流趋势。

进入 21 世纪以来,以物流配送、连锁经营和电子商务为标志的现代流通组织形式与经营方式日渐兴起,且呈现快速发展的趋势,对传统农产品批发市场造成了冲击。与此同时,我国农产品市场的全面放开也对目前仍占据流通主导地位的传统农产品批发市场提出了更高的要求。目前,我国多数农产品批发市场基础设施差,装备水平低,经营秩序不规范,服务功能不健全,经营模式传统粗放的问题仍十分突出。

8.3 农业市场 3.0

8.3.1 农村电子商务走向时代舞台

农村电子商务(见图 8-4),通过网络平台嫁接各种服务于农村的资源,拓展农村信息服务业务、服务领域,使之兼而成为遍布县、镇、村的三农信息服务站。作为农村电子商务平台的实体终端直接扎根于农村,服务于三农,真正使农民成为平台的最大受益者。2015 年 10 月 14 日国务院总理李克强主持召开国务院常务会议,决定完善农村及偏远地区宽带电信普遍服务补偿机制,缩小城乡数字鸿沟;部署加快发展农村电商,通过壮大新业态促消费、惠民生;确定促进快递业发展的措施,培育现代服务业新增长点。

图 8-4 农村电子商务

在互联网广泛普及和迅猛发展的环境下,随着网购的日益成熟,电子商务对传统的市场行业产生了很大的冲击。农村电子商务平台配合密集的乡村连锁网点,以数字化、信息化的手段、通过集约化管理、市场化运作、成体系地跨区域跨行业联合,构筑紧凑而有序的商业联合体,降低农村商业成本、扩大农村商业领域、使农民成为平台的最大获利者,使商家获得新的利润增长。

8.3.2 农村电子商务异军突起

电子商务的平台整体上在拉动农村网络的消费市场。第一，农村电子商务平台有它先天的优势，就是价格的优势。价格的优势是通过网络的方式，使得中间的环节挤出，信息的匹配更好，带来了更低的成本和价值。第二，商品的丰富性，就是数以亿计淘宝的商品使农村跟北京、上海、深圳、广州这些一线城市的消费环境趋同，一个村民跟一个市民是同等的，他同样都可以买到这样的产品，只是说他的物流时间会比别人多一两天甚至三四天。第三，网购一般是快递送货上门，省去开车到超市买产品的路径。这些带来的便利性会使农民更依赖网购。淘宝也好，当当也好，都在推广这个市场，所以这些都是构成下一步促进整个农村网购消费市场的一个巨大的驱动力。

1. 田田圈：农资生产企业的转型代表

农资生产企业转型做电商的并不少，其中的具有代表性的是田田圈。不同于常规电商通过网上直销、低价抢购等方式，田田圈直接跳过传统渠道来抢占市场的做法，和县级经销商共同出资成立县域综合服务中心，加盟的零售商则变身为田田圈农业服务中心的员工。从过去的厂商到经销商，再到零售店，最后到农民的四级体系，变为现在的从厂商、经销商、零售店联盟直接到农民的扁平化结构。

2. 一亩田：舆论风口浪尖的 B2B 电商平台

一亩田成立于 2011 年，是一个农产品大宗交易的 B2B 平台（见图 8-5）。创立以来，一亩田一直默默无闻，直到一篇关于"一亩田经过 4 年发展，员工数达到 3000 人，每日帮助农民实现交易额 3 亿元"的农村电商报道被大量转载并引起广泛质疑后，一亩田的名字才真正为人所知。

图 8-5　一亩田

之前，买卖双方发生交易主要是通过很多中间人和经纪人来完成，很多时候甚至连中间人也找不到货。一亩田的出现消除了所有人的信息不对称，让中间人和经纪人也成为受益方，因为中国大部分农业生产都是散户，需要经纪人去做工作，才能实现大宗交易。尤其在多对多的交易中，一亩田通过系统的算法，包括价格、品质、规格、距离、天气和信誉等级等，实现双方交易的精准匹配，从而让农业交易的所有环节变得更加高效。

3. 农商 1 号：高举高打的资源整合型选手

由中国农业产业发展基金和现代种业发展基金有限公司联合东方资产管理有限公司、北京京粮鑫牛润瀛股权投资基金、江苏谷丰农业投资基金及金正大集团筹建的农商 1 号（见图 8-6）正式上线，一期投资高达 20 亿元，是目前国内投资最多的农资电商平台。

图 8-6　农商 1 号

农商 1 号平台并非完全开放，只有国内外冠军品牌方可入驻，现上线的有金正大、中化、中种、晋煤、瓮福、鲁西、冠丰种业和以色列瑞沃乐斯、美国硼砂等国内外知名农资企业，上线商品均由保险公司承保。通过互联网整合农技专家资源，专家可对农民进行面对面、点对点的指导。遇到种植难题，还会有地面人员直接上门服务。

农商 1 号线下体系由区域中心-县级运营中心-村级服务站组成。区域中心负责运营、仓储、管理等，县级运营中心负责配送和农技服务等，村级服务站是农民与电商之间的纽带，还提供代购、信息咨询等便民服务。

4. 京东农资：电商平台巨头的重仓入局

相比于淘宝农资的"千县万村"计划，京东近期上线了一个全新的农资频

第8章 农业市场4.0——农业的"e"化经营时代

道(见图8-7),重点聚焦在"县级服务中心"的建设。京东的县级服务中心可为客户提供代下单、配送、展示等服务,并管理该区域所有乡镇的合作点。据京东农资电商部总监范天阳介绍,京东计划将从种子、化肥、农药开始,逐步将电商业务拓展至农机农具、农技服务、农村金融等领域。京东还将利用自身的供应链体系,为所有农资产品提供可追溯体系,以及配套物流解决方案和

图8-7 京东农资

农技售后等打包服务。农民均可以在京东乡村推广员手把手帮助下,选购到正品低价的农资产品,享受京东送货上门、货到付款甚至分期付款的增值服务。京东还将与农资公司、经销商合作,推行农资白条,打造"农户-农资龙头企业-京东"的产业链闭环。

我国电子商务的快速发展,使传统农产品物流行业不得不改变原有的经营模式,许多农产品企业也开始走电子商务的道路。农产品本身具有周期性,加上品种类别较多且复杂,标准不统一,如绿色农产品、无公害农产品、有机农产品、中国地理标志产品("三品一标")农产品难以确定,所以要做好农产品的供应链管理。流通环节过多、流通成本居高不下是我国农产品产销过程中的一大痼疾。事实上,农产品流通的问题,主要还是由我国的农业经营的特点导致的,即我国小规模的农业生产与消费市场对接存在难度。目前许多农产品电子商务平台模式尚未达到盈亏平衡,这也是农产品在网络平台销售的难处。目前我国农产品电子商务平台无论大小,一律建设网站,并称之为电子商务交易平台。一般认为,能够称为农产品电商平台的网站,最起码在农产品生产、供应、销售等各个环节都能覆盖,并且能够包括信息、交易、结算、物流等全程电商服务。另外,目前大多数农产品电商平台还存在注重信息的表达,缺少电子商务相关的配套服务。忽视农产品的区域化,完全行政化的划分方式不利于产品流通。轻视农产品网络渠道的拓展以及相关服务的持续提供。

8.4 农业市场 4.0

"互联网+"农业（见图 8-8）催生了农产品电子商务热潮，"互联网+"农村产生了淘宝村奇迹，"互联网+"农民则推动了农民网购热。在互联网赋能三农的过程中，催生了一个充满朝气和活力的新群体——新农人。新农人是指具有科学文化素质、掌握现代农业生产技能、具备一定经营管理能力，以农业生产、经营或服务作为主要职业，以农业收入作为主要生活来源，居住在农村或城市的农业从业人员。中国新农人的

图 8-8 未来农业市场

规模已达百万级，新农人是互联网赋能三农的必然产物，是农民群体中先进生产力的代表。相关报告分析了未来新农人发展的趋势，认为云计算+大数据成为新农人发展的根基，而互联网平台为新农人创新创业提供了最重要的信息基础设施。新农人在改变农业生产和流通模式、拉动农民创业就业、保障食品安全、推动生态环境保护、建立新型互联网品牌等方面将扮演更为重要的角色。

电子商务同时推动了农产品的物流问题，物联网技术已经用于现代农产品物流作业中的各种感知与操作，目前在农产品物流业应用较多的感知手段主要是 RFID 和 GPS 技术，今后随着三网融合+物联网技术发展，手机养鸡、手机种菜、手机卖菜、手机管理、手机购物将成为一种时尚，智能农产品种养加、智能农产品交易、智能农产品市场、智能农产品支付、智能农产品通关、智能农产品物流、智能农产品仓配一体化、智能快递将成为时尚。随着三网融合+物联网，移动商务在新一代电商发挥越来越大的作用，微博、微信、微店"三微"营销，促进农产品电商进入一个精准营销新阶段。

农产品物流电子商务项目的操作模式实质上是整合已有的资源优势，联合上游农产品生产企业打造自主农产品品牌，以优质低价的农药、化肥、饲料等农产品为主打产品，以产品及物流仓储的成本价为产品最终的零售指导价，跳

过层层代理和批发商，以农产品服务网络体系人员为主进行产品的田间推广，以自有电商渠道以及合作电商渠道为线上资源，拉动农产品线上需求，让农业生产者得到价廉物美的农业生产资料。积极吸取以阿里巴巴为首的电子商务经营模式，为农产品电子商务的发展提供科学的有效的服务指导，并结合农产品自身的特殊性，开发有自身农产品特色的商务交易平台。

参 考 文 献

[1] 陈新辉，乔忠. 村镇集贸市场区域布局及其优化探析［J］. 中国集体经济，2010（7）：72-104.

[2] 张帆，廖媛红. 村镇集贸市场、批发市场和农村超市的功能配置研究［J］. 安徽农业科学，2016，44（18）：229-231.

[3] 杨志武，钟甫宁. 农户生产决策研究综述［J］. 生产力研究，2011（9）：209-211.

[4] 许婵，吕斌，文天祚. 基于电子商务的县域就地城镇化与农村发展新模式研究［J］. 国际城市规划，2015，30（1）：3-5.

[5] 胡桂芳，王艳荣. 土地流转和电商结合发展现代农业的探索——安徽省绩溪县"聚土地"项目调查［J］. 农村工作通讯，2014（13）：28—30.

[6] 虞昌亮. 就地城镇化过程中农村电子商务发展研究［J］. 金融理论与教学，2014（01）：65-70.

[7] 汪向东. 农村经济社会转型的新模式——以沙集电子商务为例［J］. 工程研究—跨学科视野中的工程，2013（02）：194-200.

[8] 刘根荣. 电子商务对农村居民消费影响机理分析［J］. 中国流通经济，2017（5）：96-104.

第 9 章

农业休闲旅游 4.0

农业旅游也被称作观光农业、旅游农业或乡村旅游。农业旅游是结合农业与旅游业，以农、林、牧、副、渔等广泛的农业资源为基础开发旅游产品，提供特色服务，同时利用农业景观和农村空间吸引游客前来参观的一种新型农业经营形态。农业旅游经营方式和经营主体的不断转变，极大改变了传统农村的面貌，农业用地、农家屋舍已经不再是简单承载农业生产和农民生活的载体，而是随着农业旅游产业的深化融合餐饮、住宿、生产、休闲等商业功能的复合型农业载体。以民俗风情旅游、现代农业园区为主的农业旅游助推了传统农业的转型升级，成为增加农民收入、增加农业文化内涵、美化农村生态环境、促进农村地区社会与经济的协调、推动城乡融合、实现农业可持续发展不可或缺的组成部分。农业旅游经历了由"1.0"到"3.0"的发展阶段，并逐渐向 4.0 时代过渡。农业旅游 1.0 是最早的农业旅游形态，以旅游者在传统乡村了解民俗和学习体验乡村生活的简单活动为主；农业旅游 2.0 进入农家乐时代，开始商业化经营，成为农民收入增加的重要来源；农业旅游 3.0 是农家乐与农村民宿与互联网时代的结合，农业旅游资源通过网络进行传播；农业旅游 4.0 是农业资源与虚拟现实、人工智能等技术的结合，可以实现更加全方位的旅游体验，以智能体验和养生养老、科普为主。

9.1 农业旅游1.0——农业旅游的早期形态

20世纪60年代初，有些西班牙农场把自家房屋改造装修为旅馆，接待来自城市的旅游者前往观光度假，被认为是农业旅游的起源。我国的农业旅游，相对一些发达国家来说，起步要晚的多。萌芽于20世纪50年代，我国农业旅游在20世纪80年代才有了一定的发展。农业旅游1.0时期主要以旅游者在传统乡村了解民俗和学习体验乡村生活的简单活动为主，这是我国农业旅游的早期形态。

我国地域辽阔，不同地方有不同特色，各种具有特色的民俗文化及民族风情、异地风情，对游客了解社会具有很大的吸引力。有特色的乡村民俗风情吸引游客参观，作为民俗风情旅游区所在的当地政府、旅游开发商与经营商和农民一起开始打造民宿，接待旅游的游客，便带动了这个区域的农业旅游。

一些典型的山区乡村，依托村内资源，本着挖掘历史文化、丰富乡村文化、融入旅游文化的思路，对资源进行了合理的整合，修建了仿古项目，发展农业旅游村、万亩果品基地。比如说柳沟村在传统火盆锅的基础上，对豆腐进行开发，做出美容养颜的黄豆豆腐、滋补养肾的黑豆豆腐、清热祛火的绿豆豆腐，创出"凤凰城-火盆锅-农家三色豆腐宴"的特色旅游（见图9-1）。

图9-1 柳沟村凤凰古城景区和豆腐宴

居住在城市里的人想真正体验农村人民的生活，这时候便出现了一些旅行社，利用假期组织城市游客到农村和农民共同生活、学习耕地种田和采摘瓜果，体验耕种和收获。游客能欣赏山水风景，品尝亲手采摘的瓜果，体验清新宁静的农村生活，享受农业旅游之乐。这种传统观光型农业旅游，主要以不为都市人所熟悉的农业生产过程为卖点，在城市近郊或风景区附近开辟特色果园、菜园、茶园、花圃等，让游客入内摘果、拔菜、赏花、采茶，享尽田园乐趣。

农业1.0时期多数农业旅游经营者只追求经济效益，而忽略社会效益和生态效益。他们在修建旅游设施时大肆乱砍滥伐，普遍缺乏对自然环境、原生态文化和可持续发展方面的特殊考虑，造成当地自然环境、社会文化的破坏和资源的闲置与浪费。在很多生态农业旅游景区，由于游客的大量涌入，外来的一些文化对当地的地域民俗文化特色造成了一些破坏。这些都违背了生态农业旅游的可持续发展，有悖于建设"美丽中国"的思想方针。

早期农业旅游的旅游方式单一，景区人工化倾向严重。游客旅游的方式单一，主要是以参观游览为主，缺少特色和多样性。旅游商品不但品种单调、缺乏新意并且更新也慢，没有突出优势的拳头产品，而且大多都是一些未经加工或简单加工的初级农产品，缺乏地方文化特色和生态农业特色。在一些开发项目中生态果园、林地、垂钓较为普遍，而生态养殖场、租赁果园、开心农场、个性化菜地开发却相对较少，难以满足游客多种的旅游需要；其次是景区人工化倾向严重，生态农业旅游的基础是农业体系内部功能的良性循环和生态合理性，但目前多数经营开发者认识不清，片面追求短期效益，大搞建设，在一些风景优美的农业区，大兴土木，城市化、人工化痕迹明显，这与生态旅游及可持续发展背道而驰。

很多生态农业旅游区是在原有的农业基础上自主开发形成的，经营管理者往往都是文化层次不高的农民，他们缺乏科学的管理理论基础，缺乏培训，缺乏先进的管理经验，这些常常会造成管理混乱、宰客、欺诈等影响当地旅游形象的不文明现象的出现，很难把旅游项目做大做强。

9.2 农业旅游2.0——以农家乐为主的乡村休闲

我国农业旅游经营由最初分散的一家一户农家乐，陆续出现了"民俗游""村寨游""农庄游""渔家乐""洋家乐""乡村俱乐部""乡村度假社区"等多种业态，相继经历了以民俗村、古镇等为代表的乡村旅游和乡村度假等阶段。

在传统农村休闲游和农业体验游的基础上的"农家乐"农业旅游,拓展开发了会务度假、休闲娱乐等项目的新兴旅游方式,可以说农业旅游2.0是以农家乐为主的乡村休闲。

农家乐是休闲农业中最广泛的方法,是以农家为卖点,即该区域农民的生活现状、生活方法和习俗为吸引物,满足城市居民返璞归真,回归天然的需求的一种农业休闲工业形状(见图9-2)。以农家乐为基础的旅游地产开发可以称之为农家乐升级版,它联络村庄旅游与旅游地产,使旅游经济和地产经济相融合,完善村庄旅游仰仗旅游地产跋涉内涵,旅游地产依托村庄旅游跋涉品牌价值。农家乐开发的新潮流是以"富民农家乐、全产业农家乐、创意农家乐、文化农家乐、智慧农家乐"为产业提升方向,打造农家乐休闲旅游升级版,如摄生山庄、休闲农庄、旅游赏识示范园、村庄酒店、采摘篱园、生态渔村、山水人家。

图9-2 农家乐

农家乐主要运营方式有农家园林型、花果观赏型、景区旅舍型及花园客栈型,其最吸引游客的地方是消费合理且价格实惠。以郫县友爱乡农科村、温江区万春镇等西部川西坝子农家民俗旅游为代表。这里位于"国家生态示范区"内,是享誉全国的花卉、盆景、苗木、桩头生产基地,"农家乐"发源于此。它荟萃有川西平原农家休闲旅游的主要特色,展现着"农家乐"的巨大魅力。

花果观赏型农家乐以龙泉驿的书房村、工农村、桃花沟、苹果村等东郊丘陵的农家果园游乐为代表。龙泉山果品远销全国乃至海外,果品收入是龙泉驿区的经济支柱。但是,近些年来兴起的以春观桃(梨)花、夏尝鲜果的花果观光旅游，使其旅游收入已经大大超过果品收入，其中最具有代表性的是成都市新农村建设"五朵金花"之一，国家 4A 风景区的幸福梅林。卖果不如卖花，让人先饱眼福、后饱口福，它反映了人们消费观念的转变。龙泉山水果在提高其科技含量之后又着力提高其文化含量，在传统农业基础上发展观光农业，开启了宜林山区发家致富的新思路。

景区旅舍型农家乐以远郊区都江堰的青城后山、蒲江县的朝阳湖、彭州市的银厂沟、大邑县的西岭雪山等自然风景区为代表。低档次农家旅舍价格低廉，游客感觉仿佛把自己的家搬到了风景区，花费居家度日的钱，享受景区的自然环境，景区"农家乐"因而受到中低收入游客的欢迎。

花园客栈型农家乐以新都区农场改建的泥巴沱风景区、邛崃市前进农场改建的东岳渔庄、南昌县海湾农庄等为代表。把农业生产组织转变成为农业旅游，把农业用地通过绿化美化，使之成为园林式建筑，以功能齐全的配套设施和客栈式的管理，使之成为在档次上高于"农家乐"低于度假村的一种休闲娱乐场所。

我国各地的乡村旅游开发均向融观光、考察、学习、参与、康体、休闲、度假、娱乐于一体的综合型方向发展，其中国内游客参加率和重游率最高的乡村旅游项目是：以"住农家屋、吃农家饭、干农家活、享农家乐"为内容的民俗风情旅游；以收获各种农产品为主要内容的务农采摘旅游；以民间传统节庆活动为内容的乡村节庆旅游。

如竹山村根据当地实际情况，使得特色农业与休闲旅游相得益彰，重点突出"瑶""柿"特色（见图 9-3），形成了别具一格的旅游氛围。以柿为媒积极开展农业旅游，提出了"品瑶乡月柿、赏柿园风光、喝恭城油茶、住生态家园、做快活神仙"的宣传口号。同时，还开发与旅游相关的农业产品，如月柿系列加工产品、恭城油茶。在设施建设、旅游接待、风情表演上充分体现瑶族特色，让游客领略田园

图 9-3 竹山村"瑶""柿"特色

风光的同时，体验到瑶家做客的民族风情。

壮观的万亩月柿园，金秋时节柿果飘香，瑶乡大地成了一个金色世界，让游客在感受秀丽乡土风光的同时，还可以品尝各种生态果品的香甜美味，分享到丰收的喜悦，为培育和发展休闲农业与农业旅游奠定了良好的产业基础。特别是红岩新村，为吸引游客，设置了月柿、葡萄、杨梅采摘园，让游客体验、享受乡村休闲旅游的乐趣。竹山村以红岩新村为休闲农业与农业旅游发展轴心，紧密结合农业结构调整和生态旅游，依托万亩月柿园风光发展"农家乐"，提升了休闲乡村的档次，促进了农民就业增收。年累计接待游客21.5万人次，同比去年增长36.5%；休闲农业营业收入2650万元，村集体收入16.5万元，农民人均纯收入达6750元，其中人均非农收入达1650元，转移劳动力302人，休闲农业带动户数460户。

"农家乐"产品特点比较明显。首先是环境好，因为它们大多开在郊区，自然环境优美，空气质量好，植被覆盖率高。

其次是依据农村传统习俗提供特色饮食、特色娱乐、特色住宿等产品，使游人能享受到与平时不一样风情，如在海边吃特色海产品，在山区吃野味，在牧区吃特色畜产品、学狩猎、做农活、住窑洞、睡火炕、听山歌等，内容丰富，花样众多，带有明显的民族特点和地域特点。

第三，投资小，消费大众化。由于此产品产生在郊区、山区、边远地区，交通状况欠佳，市场经济发育不完善，农民群众待客淳朴、实在，服务成本低，提供的产品收费普遍不高，适合大众消费需求。

第四，蓬勃发展备受欢迎。农村发展经济路子少，同质化严重，困扰农民的脱贫致富。旅游产业兴起之后，各地争相开发，"农家乐"以其投资小、见效快，服务简单深受百姓欢迎，近几年产业扩张迅速，增长速度超过星级饭店，堪称产业发展史上的奇迹。

而农家乐的蓬勃发展既丰富了旅游业内涵又加快了农村经济发展。旅游产品不但使游人增加了许多消费内容和方式，而且也学到很多东西，在山区吃土鸡、吃山野菜，在海边吃渔民烧制地道的海产品，在牧区吃牧民加工的肉制品，喝不同风格的酒水，听风情各异的民歌，感受当地不同民俗，使游人流连忘返，也丰富了旅游业内涵。

"农家乐"也让有旅游资源地区的农民走上了发展经济的路子,打破了单纯以农业为谋生手段的局面。这些农民可以不出家门挣大钱,也不用为挣到了钱却讨不出账发愁,加快了农村地区经济发展,使他们脱贫致富奔小康。栾川县重渡沟,以前农民人均收入不足 500 元,如今人均收入都在 1.5 万元以上,从一个深山贫困村变成了远近闻名的富裕村。

9.3 农业旅游 3.0——"互联网+"农业旅游

"互联网+"农业旅游发展出一种推广农业旅游的新模式。在"互联网+"的旅游时代,当互联网邂逅了农业旅游,便塑造了最美好时代下的最美丽乡村,农业旅游便进入了 3.0 时期。计算机、手机移动互联网,微信、淘宝等各种平台以及创意互联网思维等与农业旅游的完美融合,将实现农业旅游的创新、增效,创造出乡村旅游的新价值形态。

互联网进军农业旅游以来,不仅在营销方面实现互联网化,其生产服务过程及其信息还开放给了互联网平台,实现了旅游线上线下的无缝连接。互联网、物联网的盛行,线上线下联动发展,移动 APP 的出现与发展,都将促进农业旅游产业融合、旅游体验智慧化、旅游方式转变、旅游消费升级。"互联网+"农业旅游的模式是通过线上的信息展示、营销、互动、决策、预订及支付等完善农业旅游游前的线上服务,通过线上线下紧密结合的高效管理以完善的旅游产品和服务满足游客个性化、多元化的农业旅游体验,从而形成线上线下服务体验的闭环过程。游客动一动手指就可以轻松实现私人定制般的农业旅游。

就目前发展形势而言,互联网对我国农业旅游发展起到了巨大的推动作用。"互联网+"农业旅游的运营方式主要是充分利用互联网技术,提供给旅客农业旅游信息,实现线上预订下单,线下农业旅游体验,形成互联网订单农业旅游模式。下面以中国乡村旅游网和魅力城乡网的运营方式进行说明。

1. 中国乡村旅游网(http://www.crttrip.com/)

中国乡村旅游网是以回归自然、体验乡村为主导,集乡村休闲旅游、农业旅游、森林旅游和民俗旅游等为一体,致力于提供乡村旅游资讯和全国乡村旅游信息,促进乡村旅游资源进行优化组合的综合性门户网站(见图 9-4)。

第 9 章　农业休闲旅游 4.0

图 9-4　中国乡村旅游网

依托于互联网和新媒体强大的信息传播功能，中国乡村旅游网介绍了国内乡村旅游动态，分析了乡村旅游热点问题及发展趋势，主要服务于休闲农业主体，引领了休闲消费新业态，并且全面推进了休闲农业信息化水平。作为乡村旅游互联网行业的早期实践者，中国乡村旅游网给全国政府、企业、读者提供了最专业、最丰富的旅游咨询和户外资讯，与各界人士合作打造了全国最权威最有价值的休闲农业与乡村旅游品牌推广和公共信息服务平台。

中国乡村旅游网的内容设置有行业新闻、地方动态、媒体视点、美丽乡村、特色小镇、民俗旅游、节庆活动、乡村旅游规划、景点导览、乡村旅游瞭望、理论研究、休闲智库、高端访谈、政策导读、旅游扶贫、休闲农业、乡村游记、县域推介等板块，涵盖各方面针对乡村旅游的相关信息。不同的板块有不同的内容，通过对网站内容进行整合分类，方便人们上网查找其感兴趣的乡村旅游信息，让更多的人了解乡村旅游，了解这个新型的产业形态以及乡村旅游的文化底蕴和特色。

同时，在网站上展示一些地方特色或者地方特产，如马铃薯、蘑菇、西瓜、辣椒、乌鸡、食用菌、黄花菜、南瓜、黄瓜、杏子、李子、桃子、苹果、草莓等蔬菜瓜果，用来吸引游客。人们只要通过浏览网站就可以找到感兴趣的农家乐、乡村旅游热门景区，通过网站提供的电话，可以向对应的商家询问住宿、吃喝、游玩的价格。

可以说，中国乡村旅游网推动了农业旅游发展，极大展现了互联网在农业旅游方面的应用。

2. 魅力城乡网（http://365960.com/）

魅力城乡网（见图9-5）由农业部乡镇企业局支持指导，国内领先的农业信息综合服务运营商——北京农信通科技有限责任公司开发运营。魅力城乡网通过政府引导，带动社会人员参与到农业旅游中来，为农产品提供市场，使得农民大大受益。

图9-5 魅力城乡网

该网站利用互联网技术为农业旅游用户提供了六大功能，即强劲搜索、全景漫游、电子商务、电子地图、社区互动、手机应用及跨平台使用功能，这些功能为农业旅游吸引了大量游览者。多种搜索检索功能，方便用户找到所需信息；360°实景漫游，移动鼠标就可提前体验农业旅游的乐趣；高效的电子商务，方便用户购买农产品；触摸屏幕，直观查询附近休闲农业相关信息；个性化社区，让驴友演绎不一般的休闲感受；随时随地享受短彩信、移动互联网贴心服务；电脑、手机、语音电话等信息平台均可使用。

农业旅游使用"互联网+"的方式，为农业旅游的经营者、消费者和管理者提供了许多方便,实现了实时信息交流、在线交易,推动了农业旅游的发展。

面向农业旅游的经营者,魅力城乡允许经营者通过互联网和手机,获取休闲农业新闻资讯和管理知识,提升经营管理水平,在经营中谋求商机;通过网站、网店、全景漫游、电子地图定位标注、手机互联网,全面展示风采;还可做预订促销活动。

面向消费者,使用网站搜索、电子地图,手机短信、电子地图查询,迅速找到休闲信息,可购买到安全、正宗、物美价廉的各地特色农产品;可预订各地的休闲农业"吃、住、玩"产品;根据用户需求策划独具特色的线路、向导服务,替用户着想,引导高品质农业休闲消费;建立私人空间、发布游记、发起活动、寻找志同道合的驴友,尽情抒发情怀,大"秀"精彩旅程。

面向管理者,随时随地可了解本地区休闲农业发展情况,科学管理指导休闲农业经营,整体推广宣传本地区休闲农业。

"互联网+"农业旅游主要采用"互联网+"模式,全面帮助合作地区搭建特色地方平台,发展地方特色经济,聚焦对当地旅游景点的宣传管理和对农副产品的特色经营与推广。

这种农业新形态不仅响应了国家发展"互联网+"农业的号召,可以为一个地区相关农业及旅游业的发展注入新活力,还可以解决当地产品的宣传、销售问题,减少中间商环节,提升自身收益。消费者则可以通过互联网平台了解当地的景点、农业特色,得到非同寻常的休闲与购物体验,使得人们足不出户就可获得农业旅游新动态,了解不同地区民俗,便于旅游者做出自己的选择。

大多的农家乐升级,只是在原有的游玩项目中,加深了绿色食品这一概念,但对于消费者来说,已经无法满足在农庄之内的实际体验需求。而特色的"互联网+"农业旅游,不仅重视农业的生态理念,更将乡村体验深度优化,充实服务细节,让消费者可以享受到全面的乡村旅游乐趣。

9.4 农业旅游4.0——多功能休闲智慧的乡村生活

农业进入4.0后,农业进入智能化时代,各种智能机器人开始大量应用农业生产、经营、管理,各种农业智能设施和装备也进入农业生产、流通和市场,智慧农业得以实现，无人机、虚拟现实、4D打印、农业机器人等成为农业新经济的主要技术支撑。农业旅游4.0时期，通过把农业资源与虚拟现实、人工智能等技术的结合，可以实现更加全方位的农业旅游，进入真正的全民休闲时代。人们不再只是以"走马观花、到此一游"的旅游形态去参加乡村观光旅游和休闲度假，而是真正享受乡村生活。

在农业旅游4.0时期人们利用智能化技术真正实现了"回归乡村"，回归青葱的茶园、碧绿的稻田、烂漫的桃花、如雪的梨花、绚烂的梯田、广袤的草原、金黄的油菜花、紫色的薰衣草，还有蓝天白云、碧水清波、清新空气、特色美食，这一切变成现实，乡村生活具有多功能休闲智慧特点，可以实现更加全方位的旅游体现，如智能体验、养生养老和科普。

随着科学技术的发展，智能化农业包含了育种育苗、植物栽种管理、土壤及环境管理、农业科技设施等多个方面，农业机器人也越来越广泛地应用于工农业生产当中，机器人代替人类劳作，进行机械地体力劳动，这使得人们拥有更多的时间去享受生活（见图9-6）。

图9-6　农业智能机器人劳作场景

其中以虚拟现实为代表的新一代信息技术通过关于视觉、听觉、触觉等感官的模拟，让用户如同身历其境一般，可以及时、没有限制地观察三维空间内的事物。用户进行位置移动时，计算机可以立即进行复杂的运算，将精确的三维世界视频传回产生临场感。该技术集成了计算机图形、计算机仿真、人工智能、传感、显示及网络并行处理等技术的最新发展成果，是一种由计算机技术辅助生成的高技术模拟系统（见图9-7）。

预计进入农业旅游4.0时期，针对农业旅游市场的虚拟现实技术应用，即虚拟现实旅游或将成为农业旅游业发展的真正突破口。该技术将让人们足不出户，便能身临各类农业场景及农业旅游景区，进行旅游观光。

图9-7　虚拟现实技术展示

参考文献

[1] 焦金英. 智慧农业旅游"云"服务平台构建研究[J]. 农业经济, 2017（07）: 34-36.

[2] 俞志成. 我国休闲农业发展现状与展望[J/OL].（2017-07-07）[2017-09-02]. http://kns.cnki.net/kcms/detail/50.1186.S.20170707.1706.002.html.

[3] 陈红新. 农业融入大智慧, 开创休闲新格局[J]. 蔬菜, 2017（04）: 12-13.

[4] 李涛, 刘家明, 刘锐, 等. 基于"生产—生活—生态"适宜性的休闲农业旅游开发[J]. 经济地理, 2016, 36（12）: 169-176.

[5] 方巧凤, 梅燕, 钟小娟, 等. "互联网＋"引领休闲农业旅游走向新型化[J]. 时代农机, 2016, 43（08）: 65＋67.

[6] 麦地. 智慧农业: 开启新时代农产品交易的大门[J]. 植物医生, 2016, 29（06）: 4-5.

[7] 邢志勤. 我国农业旅游发展转型升级及其运行模式优化——基于国外农业旅游发展的经验[J]. 改革与战略, 2016, 32（04）: 121-124.

[8] 李敏. "互联网＋"时代下我国农业旅游发展的新机遇[J]. 中国商论, 2016（11）: 118-120.

[9] 郭满女, 程道品. "美丽广西"特色建设路径选择: 发展乡村生态旅游——以东兴市竹山村为例[J]. 商业经济, 2016（01）: 80-82.

[10] 许贤棠, 刘大均, 胡静, 等. 国家级乡村旅游地的空间分布特征及影响因素——以全国休闲农业与乡村旅游示范点为例[J]. 经济地理, 2015, 35（09）: 182-188＋207.

[11] 许宇飞. 农业旅游可持续发展动态模拟仿真与分析[J]. 统计与决策, 2015（16）: 138-140.

[12] 吴文智,张薇,庄志民.利益驱动下的村落式农家乐集群经营模式研究——以苏州明月湾古村落为例[J].农业经济问题,2015,36(06):44-51+111.

[13] 陈的非.生态文明观"视角下的农业旅游产业集群模式创新研究[J].农业经济,2015(04):17-19.

[14] 陈永昶,郭净,徐虹.休闲旅游——国内外研究现状、差异与内涵解析[J].地理与地理信息科学,2014,30(06):94-98.

[15] 邓清南,许虹.郫县"传统农业旅游"转型"都市农业旅游"思考[J].经济研究导刊,2010(25):162-163.

第 10 章

农业管理与服务 4.0——新时代下的管理与服务革命

农业 4.0 时代，物联网、云计算、大数据、人工智能等新一代信息技术与农业深度跨界融合，农业呈现以工业化生产手段和先进科学技术为支撑，有社会化的服务体系相配套，用科学的经营理念来管理的新形态。农业 4.0 的核心是科学化，特征是商品化，方向是集约化，目标是产业化。在农业管理和服务方面，政府管理具有科学化、便捷化、高效化的特征，在大数据和智能决策支持下，通过优化农业产业体系、生产体系和经营体系，呈现"信息支撑、管理协同，产出高效、产品安全，资源节约、环境友好"的农业管理和服务新业态。

10.1 农业管理与服务的基本内涵

农业是社会存在和发展的根本，在国民经济产业体系中处于特殊的地位，农业管理分为农业宏观管理和行业管理。信息服务分为面向企业的信息服务和面向农民的公众信息服务。农业宏观管理就是以国家为主体，根据社会需要，从长远利益和农业可持续发展的角度出发，运用计划、法律、行政和各种经济调控手段，对农业经济总体和总量进行的管理、调节和控制。

农业宏观管理主要目标有：①健全农业市场体系，引导农民步入市场经济；

②支持农业发展，保证主要农产品的供求基本平衡；③保护农业资源，改善农业生态环境；④保护农民权益，增加农民收入。

农业宏观管理的主要内容包括：①制定农业发展规划和目标；②为农业提供公共物品；③维护农业发展过程中的市场秩序；④降低农民的市场风险，保障国家粮食安全；⑤调节农业发展过程中的农民收入分配；⑥维护、改善农业生态环境；⑦保护农业生产经营者的私人产权；⑧调节农产品总供给与总需求的关系，实现两者的总量平衡和结构平衡。

农业宏观管理的手段包括计划手段、经济手段、法律手段和行政手段。

(1) **计划手段** 农业中的计划主要包括农业发展战略和农业发展计划。农业发展战略是指某一时期内，政府对一定区域的农业发展所实施的带有全局性、长远性、关键性的宏观决策；农业发展计划是政府针对一定时间、一定区域的农业发展做出的一种具体安排部署，它可分为农业年度计划、中期发展计划和长期发展计划。

(2) **经济手段** 常用的经济手段主要有价格、财政、税收、信贷、保险等。

1) 价格手段。国家可以根据不同类型农产品的供求状况和农业发展规划，制定相应的价格政策来调节供求，实现宏观管理目标。

2) 财政手段。国家财政通过增加对农业的支出或投入，支持农业发展。财政手段包括两种形式，一种是无偿的，即国家财政对农业的支出和直接投资；另一种是有偿的，即国家财政给予。

3) 税收。农业税收是国家按照法律规定从农业取得财政收入的一种手段。随着我国经济的发展，已从2007年开始在全国全面停征伴随中国农民多年的农业税，减轻了农民负担，将有利于农业和农村经济发展。

4) 信贷。信贷是政府用以支援和调控农业经济的重要经济手段，主要通过吸收农民存储、发放农业贷款等方式完成。

5) 保险。农业保险对于农业生产经营者增强抗拒自然灾害能力和增强农业市场风险等方面具有重要意义。我国的农业保险主要由中国人民保险公司和保险合作社承担。目前，农业保险主要有农作物保险、收获期农作物保险、森林保险、畜禽保险和水产养殖保险等。

(3) **法律手段** 目前，我国与农业有关的法律包括两大类：一类是一般性经济法律中要求农业必须执行的规定；一类是专门针对农业经济的法律规定。

（4）行政手段　行政手段是指国家行政机构采取强制性命令、指示、规定和下达指令性任务来调节和管理经济活动的方法。行政机关通过发布命令和下达任务来协调各部门各地区的发展。

10.1.1　农业行业管理

农业行业管理主要包括种植、畜牧兽医、渔业、农机、农垦、农产品加工等农业行业的管理。开展农业行业管理建设，实现行业管理的规范化、标准化和科学化，对于农业行业进行动态监测和趋势分析，对于提高农业主管部门在生产决策、资源配置、指挥调度、上下协同、信息反馈等方面的能力和水平均具有重要支撑作用。加强农业行业管理信息化建设，可为提高农业行业管理的效率和水平、加快实现农业现代化提供重要手段，从而促进农业劳动生产率和生产水平的提升，提高农业行业安全生产监管能力，促进农业产业健康可持续发展。

10.1.2　企业信息服务

农业企业是指使用一定的劳动资料，独立经营、自负盈亏，从事商品性农业生产以及农产品直接相关的经济组织。农业企业的经营对象是农作物和农产品。

农业企业经营管理是指对农业企业整个生产经营活动进行决策、计划、组织、控制、协调，并对企业成员进行激励，以实现其任务和目标的一系列工作总称。合理地组织生产力，维护和完善社会主义生产关系，适时调整上层建筑，使供、产、销各个环节相互衔接，密切配合。人、财、物各种要素合理结合及充分利用，以尽量少的活劳动消耗和物质消耗，生产出更多的符合社会需要的产品。

农业企业经营管理主要内容包括：①合理确定农业企业的经营形式和管理体制，设置管理机构，配备管理人员；②搞好市场调查，掌握经济信息，进行经营预测和经营决策，确定经营方针、经营目标和生产结构，编制经营计划，签订经济合同；③建立、健全经济责任制和各种管理制度，搞好劳动力资源的利用和管理，做好思想政治工作；④加强土地与其他自然资源的开发、利用和管理；⑤搞好机器设备管理、物资管理、生产管理、技术管理和质量管理；⑥合理组织产品销售，搞好销售管理，加强财务管理和成本管理，处理好收益和利润的分配；⑦全面分析评价农业企业生产经营的经济效益，开展企业经营诊断等。

10.1.3　面向农民的公共信息服务

面向农民的农业信息服务是指信息服务机构以用户的涉农信息需求为中心，开展的信息搜集、生产、加工及传播等服务工作。农业信息服务的目标包括三个层次：第一个层次是直接目标，它是指针对农业信息化进程中各个信息主体（主要是指农民）的信息需求、技术需求和生产生活需求提供的一系列基础性服务；第二个层次是间接目标，即农业信息服务应该为国家各级政府制定农业宏观调控政策以及企事业单位从事农业科学技术研究提供真实可靠的信息资料，在农业各个领域不断地推进信息化；第三个层次就是要全面实现国家农业信息化，为我国农业现代化以及农业的国际化提供完善的信息服务保障。

农业信息服务的手段既包括传统信息手段，又包括现代化信息手段。其中广播、电视、报纸、宣传板等是传统手段，互联网、卫星、手机短信、"三微一端"则是现代化信息服务手段。广播、电视网、电信网、卫星网、互联网等基础设施网络并结合数字微波传输技术，为农业信息服务提供了通畅渠道。此外，诸如流动性的农业信息服务站（益农信息社）、科普刊物、农村科技培训、农村实用人才带头人培训以及农产品信息发布会和技术洽谈会等，也都是很好的农业信息服务方式。

10.2　农业管理与服务1.0——传统的农民管理和服务

农业1.0时期主要指农业的起源到近代农业。在传统农业中，精耕细作是古代传统农业的鲜明特点，劳动的动力是人力、畜力和其他自然力如风力、水力等。传统农业的主要耕作工具和主要耕作方式是牛耕，而生产技能主要依靠农民的生产经验,生产效率低下。进入近代农业后,也就是20世纪80年代以后,种子条播机、脱谷机、收割机、饲料配制机相继问世。内燃拖拉机的产生使畜力牵引为机械动力所替代,化肥、农药工业长足发展。但是,化学品的污染,使生态环境遭到破坏,自然资源、能源过度消耗。这些问题困扰着社会,使政府面临着如何处理生产效益与生态环境关系和如何实现可持续发展等问题。

从信息技术的角度看,农业管理与服务1.0阶段,绝大多数用户没有安装电话,没有网络电视。政策法规基本上依靠文件层层传达,特别是农村地区,需要通过乡村会议或广播进行宣传。因此,该阶段的农业管理手段落后,透明性差(见图10-1)。

图10-1 农业1.0阶段的农业管理

10.3 农业管理与服务2.0——基于电子政务的农业管理

随着农业生产2.0~3.0的转变,即农业机械化到农业自动化的转变,农业的生产效率不断提高,农业的经营规模不断加大,农民的收入快速攀升,农民逐步完成身份农民向职业农民的转变。

与此同时,在20世纪90年代,互联网大潮迅速涌起,网络在中国得到了普及。这个阶段的农业管理,电子政务作为信息技术与政务工作有机结合,成了国民经济和社会信息化建设的重要组成部分(见图10-2)。电子政务是政府机构应用现代信息和通信技术,将管理和服务通过信息技术进行集成,在网络上实现政府组织结构和工作流程的优化重组,突破时间、空间及部门之间的制约,向社会公众提供全方位优质、高效的服务。在信息化社会中,与电子政务相关的行为主体主要有政府、企业和公众，政府的业务活动也主要围绕着这些行为主体展开，包括政府与政府之间的互动、政府与企业之间的互动、政府与公众之间的互动等。相应的管理模式主要有：G2G、G2E、G2B 和 G2C 这四种模式。

1) G2G 模式。指政府与政府之间的电子政务，即上下级政府、不同地方政府和不同政府部门之间实现的电子政务活动。G2G 模式是电子政务的基本模式，传统的政府与政府间的大部分政务活动都可以通过信息技术的应用高效率、低成本地实现。

2) G2E 模式。指政府与公务员（即政府雇员）之间的电子政务，是政府机构通过信息技术实现内部电子化管理的重要形式，主要是利用政府内部网络建立起有效的行政办公和管理体系，以提高政府工作效率和管理水平服务。

3) G2B 模式。指政府与企业之间的电子政务，即政府通过网络进行采购与招标，为企业提供各种信息服务，向企业事业单位发布各种方针、政策、法规、行政规定等，企业通过网络进行税务申报、办理证照、参加政府采购、对政府工作进行意见反馈等。

图 10-2　电子政务系统

4) G2C 模式。指政府与公众之间的电子政务，政府通过电子网络系统为公众提供各种服务。农业电子政务是通过应用现代信息和通信技术，将农业部门的管理和服务工作通过信息技术进行集成，实现组织结构和工作流程的优化重组，向社会公众提供全面优质、高效的服务。农业电子政务围绕农业主管部门履行经济调节、市场监管、公共管理、社会服务和应急管理等主要政务职能，是管理信息化在农业政务领域的具体应用和体现。政府网站及应用系统示例如图 10-3 所示。

第10章 农业管理与服务4.0——新时代下的管理与服务革命

图 10-3　政府网站及应用系统

通过信息化的管理手段，基本实现了下列功能。

1）建立行政审批、政务公开、市场监管网上办公平台。提高了农业部门依法行政、农产品质量监管水平和工作质量。管理系统的规范化、标准化、网络化处理，提高了工作效率，增加了业务透明度，提供了便捷高效的服务。

2）建立电子政务支撑平台。提高了各业务应用系统间的互联互通和信息共享能力，初步具备了农业部门业务系统的定制开发、资源共享、业务协同及安全运行的能力。大大提高了为民办事的方便性、快捷性和透明度，提高了工作效率，降低了社会成本。

3）应对自然灾害、处置突发事件能力明显增强，信息传输、指挥调度、应急响应系统等基础条件明显改善。农电话会议等成为履行政府管理职能、提高工作效能、节约行政成本的重要手段。

农业管理与服务 2.0 阶段，信息技术和大数据技术有了一定的发展，尽管该阶段的大部分政府数据还不能称之为大数据，从政府管理的视角来看，这些数据是有重要价值的。但是在电子政务、民生服务方面，还存在着不少值得提升的地方，很多地方的政府部门对大数据的应用并没有表现出浓厚的兴趣，习惯于传统的管理方式。在政府协同合作方面，政府部门之间存在缺乏协同互通合作的现象。没有全面相互合作，共享系统内部的数据，因此，农业管理与服务 2.0 阶段，农业管理对大数据的应用还处于最基础的阶段。

10.4 农业管理与服务 3.0——基于大数据的农业管理

随着时间的推移,大数据时代悄然而至,数据已然成为一种有价值的资源,大数据正快速发展为发现新知识、创造新价值、提升新能力的新一代信息技术和服务业态,已成为国家基础性战略资源。在公共治理领域,建设智慧型政府的道路上,加强培养政府新的执政技能,提升公共管理的科学水平,同样也需要不断地学习和创新管理。此前专注于人的管理方式,也渐变为注重运用对数据进行分析来解决面临的各种社会问题。随着信息化和农业现代化深入推进,农业农村大数据正在与农业产业全面深度融合,逐渐成为农业生产的定位仪、农业市场的导航灯和农业产业管理的指挥棒,日益成为智慧农业的神经系统和推进农业现代化的核心关键要素。

以数据为支持,决策会更理性,更科学。大数据给了公共管理高效科学的管理模式。在大数据战略、公共政策决策、应急管理等方面,政府管理需要探索和部署。大数据能有效帮助公共部门优化决策。大数据的重要性愈加凸显,大数据的应用在社会管理和公共服务的实现中逐渐发挥重要作用。农业 3.0 时代的农业管理示意图如图 10-4 所示。

图 10-4 农业 3.0 时代的农业管理

农业 3.0 阶段农业管理与服务的特点如下。

1)政务大数据,让办事效率更高效。完善相关政策法规的发布和规范。实现政务信息互通共享,整合利用,服务百姓的目标。

2)实现了基于大数据的行业决策。实现了数据采集的自动化、数据使用的智能化、数据共享的便捷化。实现农业产业链、价值链、供应链的联通，大幅提升农业生产智能化、经营网络化、管理高效化、服务便捷化的能力和水平。

10.5 农业管理与服务4.0——基于智能决策的超高效农业管理

农业4.0是以智能化生产手段和先进科学技术为支撑，有社会化的服务体系相配套，用科学的经营理念来管理的高级农业形态。随着农业生产日益科技化，高新技术成为农业发展的强大动力。农业日益走向商品化和国际化，农产品向多品种、高品质、无公害方向发展。此阶段的现代农业是可持续性发展的农业，是以现代工业装备和信息技术所武装的农业。

农业进入4.0后，将会有更多的农业设备和装备通过物联网连接起来，各种智能农机设施和装备大量应用到农业生产、流通和市场中，机器人和自动化系统无处不在，农业劳动生产率、土地产出率、资源利用率得到极大提高，农业的管理将主要依靠农业大数据和人工智能技术，决策的科学性、准确性和透明性将达到空前的高度。

在农业管理方面，随着大数据技术的迅速发展，政府管理部门已经拥有了足够体量的农业生产、经营和管理等数据，大数据不是静态地存在，而是不断与周边数据发生碰撞和聚合。在某种程度上，大数据已变成政府或企业的洞察力与行动力。政府利用大数据的能力主要体现在监测、预测、预警、决策四个方面：监测是指通过天空地立体信息获取体系，监测农业资源、农业生产、农业市场的运行状态；预警是指通过数据采集、数据挖掘、数据分析，对已经存在的风险发出预报与警示；预测是指立足于纵向时间轴，对相对长时间内某些问题的判断从而形成指导，如根据气象数据预测农作物种植情况；决策是指通过所有相关数据的联动，形成基于数据和分析之上的决策或结论。智能决策就是政府借助基于智能系统对现实问题的分析与判断，通过技术手段实现监测、预测、预警、决策的智能化。现代农业智能管理示意图如图10-5所示。

在农业4.0阶段，通过大数据技术，政府与民众实现了智慧沟通与交流，政府实现了精细化、智能化的管理和科学决策，提高了政府部门之间的协同管理创新，也提升了政府为民办事的效率。政府的决策有据可循，政府的决断和服务能力全面提升，使得组织扁平化、管理透明化、监督智能化、决策科学化、服务个性化。

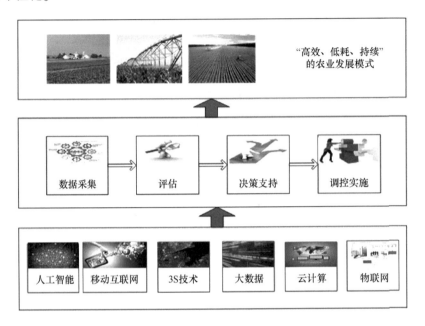

图 10-5　现代农业智能管理

参考文献

[1] 李道亮．农业现代化如何从"互联网+"发力 [J]．人民论坛·学术前沿，2016（10）：89-94．

[2] 李道亮．"互联网+"农业：助推农业走进 4.0 时代 [J]．农业工程技术，2016（3）：25-28．

[3] 李道亮．物联网与智慧农业 [J]．农业工程学报，2012，02（1）：1-7．

[4]《农业部关于全面推进信息进村入户工程的实施意见》，2016. http：//www.moa.gov.cn/zwllm/tzgg/tz/201611/t20161111_5361421.htm．

[5]《农业部关于开展信息进村入户试点工作的通知》，2015. http：//www.moa.gov.cn/govpublic/SCYJJXXS/201407/t20140701_3954338.htm．

[6]《国务院关于印发"宽带中国"战略及实施方案的通知》，2013. http：//www.gov.cn/zwgk/2013-08/17/content_2468348.htm．

[7] 关于积极推进"互联网+"行动的指导意见，(国发〔2015〕40号）．http：//www.gov.cn/

zhengce/content/2015-07/04/content_10002.htm.
［8］ 促进大数据发展行动纲要，国发〔2015〕50号.http：//www.gov.cn/zhengce/content/2015-09/05/content_10137.htm.
［9］ "互联网+"现代农业三年行动实施方案，农市发〔2016〕2号，农业部、发展改革委、中央网信办等8部门联合印发.http：//www.moa.gov.cn/sjzz/scs/tzgg/201605/t20160512_5130659.htm.
［10］ 中国林业网.大力推进"互联网+"引领林业现代化——张建龙在第四届全国林业信息化工作会议上的讲话［EB/OL］.（2015-11-04）［2017-02-08］.http：//www.forestry.gov.cn/portal/xnhz/s/2083/content-820558.html.

第 11 章

农民生活 4.0

科技改变生活,农业进入 4.0 时代后,农民的生活进入了一个全面"e"化的社会,农民不再仅是一个身份的代名词,而是一个体面的职业,新农民有知识、有文化、懂技术、收入颇丰且生活在一个田园风光的环境中,成为人们向往的职业。在农业进入 4.0 后,农村也不是贫穷落后的居住地,而是一个美丽幸福的家园,生态涵养和乡村旅游的圣地,文明和谐、智慧休闲的宜居社区。农村与城市一体化协同发展,在基础设施、社会服务、文化环节等方面没有差别。农民的生活方式、娱乐方式、医疗教育等没有区别,居住在农村的人们更有花鸟虫鱼的自然风光。农民的生活全面"e"化,体现在电子商务、智能家居、服务机器人等普遍使用。

11.1 农民成为令人向往的职业

11.1.1 农民生活 1.0——农民是一种身份的象征

农业 1.0 时期,一切的生产活动都是体力和畜力完成,面朝黄土背朝天是基本的生产方式,农业的生产技能主要依靠农民的生产经验,生产效率低下,农民收入少、社会地位低下，农民是一种职业，也是一种身份，它是贫穷、低微、文化水平低的代名词，这在全世界都是一样的。中国在新中国成立前是世界上最大的农业国家，农业人口占全部人口的百分之九十多。在这些农业人口中只有约3%~7%的人口拥有土地，其余的农业人口靠依附这些土地为生，也就是靠依附极少数的土地所有者，租种这些人的土地为生。新中国成立后，随着农村土地改革计划的完成，农村居民均获得土地，这时农民演变为"自耕农"，但维持的时间极短；随着合作化运动和人民公社化，"自耕农"的身份很快由"农业合作社社员"变为"人民公社社员"，"社员"的身份一直存在至家庭联产承包责任制全面实施的1984年。农村居民壮年劳动力在农忙时节经营或帮助经营家庭农业生产，农闲时节进城务工，加入产业大军的行业。由于这段时期，农业生产方式基本是以人畜力为主，生产效率低，收入水平有限，农民身份没有发生大的改变。农业1.0时期的农民形象如图11-1所示。

图11-1 农业1.0时期的农民

11.1.2 农民生活2.0~3.0——完成身份向职业的转变

随着农业2.0~3.0的转变，即农业机械化到农业自动化的转变，农业的生产效率不断提高，农业的经营规模不断加大，农民的收入快速攀升，农民逐步完成一种身份向一种职业的转变。

中国农民生活水平的提高是伴随着农民权利的增加以及对农民束缚的减少而实现的，农村家庭经营制度的确立，使农民获得了种地的自由，这种自由成为了解决中国人吃饭问题的制度基础；农民进城务工的合法化，农民可以流动就业，为中国的工业化和城镇化的快速发展提供了动力。从1984年到今天，中国农民基本经历了小型农业机械化到大中型农业机械化的过程，目前我国农业机械化综合水平已经达到65%，基本完成农业2.0，正向农业3.0转变。2012年中央一号文件首次提出培育新型职业农民的概念，预示了把农民从身份概念转变为职业概念的开始。我国一部分农民已经演变为职业农民，但大多数农民还处在转型的过程中，估计要在 2050 年左右基本完成转变。农业 2.0 时期的农民形象如图 11-2 所示。

图 11-2　农业 2.0 时期的农民

发达国家从身份农民向职业农民的转化经历了相当长的时期，主要通过"剥夺"或"福利"农民来实现；工业革命时期资本主义推行"剥夺"农民，即农民被视为现代化的阻力，被圈地运动、"羊吃人"所消灭。农民大批破产，促使农村剩余劳动力向城镇转移，农民数量减少，城市无产者工人激增，城市化进程加快；在 20 世纪末，发达资本主义国家推行"福利"农民政策，对主要农产品实行保证价格制度，同时在资金信贷，以福利农业的形式保护农民和增加教育培训投资促进转化农民。发达国家利用雄厚的财力大力发展农村的职业教育、成人教育和技术培训，从根本上提高农村劳动力的整体素质，进而完成身份农民向职业农民转变。农业 3.0 时期的农民形象如图 11-3 所示。

图 11-3　农业 3.0 时期的农民（比利时养猪农场主）

11.1.3 农民生活4.0——农民成为令人羡慕的职业

农业进入4.0时期后,农业全面进入智能化时代,各种智能机器人开始大量应用农业生产、经营、管理作业(见图11-4),各种农业智能设施和装备也进入农业生产、流通和市场,农业劳动生产率、土地产出率、资源利用率得到极大提高,职业农民的科技、文化素质也大幅度提升,职业农民的收入得到大幅度提升,远远超过其他产业的收入。更重要的是职业农民生活在田园风光的农村社区,农业不再只是提供农产品和食品,休闲观光、文化传承、娱乐运动等功能越发显得重要。休闲养老智能农业将发展成为一个重要的农业业态。中上层社会人士退休后,都会把休闲养老智能农业作为安度晚年的业余爱好,因此,农民这个职业将成为未来令人羡慕的职业,人们会争相进入这个行业。当然,随着生产率的提高,农业4.0时期容纳的职业农民会越来越少,也就是说,农民将成为新的精英群体。

图11-4 农业4.0时期的机器人作业

11.2 农村将变为美丽幸福的智能家园

11.2.1 农村状态1.0——城乡鸿沟巨大

农业1.0时期,无论中国还是世界,城乡二元经济结构都是永恒话题,农村经济以典型的小农经济为主,农村在基础设施、教育、医疗等方面非常落后,农村的人均收入和消费水平远低于城市。农村以分散经营为主,农业生产的集约化程度不高，生产工具落后，劳动生产率低下；农村住房条件简陋，以砖瓦房和土坯房为主，卫生条件与城市有巨大差距；农村的道路普遍没有实现硬化，机动车辆难以进入，对外交通困难；对于城市生活中必需的水、电、气等公用设施，在农村的普及化程度不高；农村的环境卫生状况整体上落后，农村垃圾处理、环境整治基本处于无专人负责的状态；农村教育水平低，师资力量薄弱，农民平均受教育年限不高；农村的文化生活单调，农民难以在家门口享受到高水平的文化演出；农村医疗资源缺乏、专业医务人员不足、总体医疗水平偏低。由于受落后的生产方式和农民自身文化科学素质的限制，农民的收入水平低下，农民的时代观念落后，精神文化生活不够丰富，农业1.0时期的农村（见图11-5）与同时期的城市相比，在各个方面都存在较大差距。

图11-5　农业1.0时期的农村

11.2.2　农村状态2.0——城乡差距逐步缩小

农业进入2.0时期后，农业的生产率和土地产出率都有大幅度提高，农民收入上升提速，城乡差距开始逐步减少，这是世界普遍的规律。在中国，伴随着"全面建设小康社会"目标的提出,我国的农村逐渐由原来的"脏、乱、差"向"干净、安全、美丽"的新型农村发展。在农村2.0时期,国家加大财政支撑和补贴,注重农村经济发展和基础设施建设。通过农村税费改革,农民种地不仅免税,而且还有补贴,使得农民的收入大幅增加,生活宽裕了并有节余可以支配到娱乐文化中;通过九年义务教育制度的大力实施,全面改变了"上不起学"的现象,农村的义务教育和职业教育达到普及,农村劳动力整体素质大幅提高;通过建立健全农村合作医疗制度和农村医疗援助制度,切实解决农民有病看不起的问题,提高农民医疗保障水平。在"工业反哺农业、以城市支持农村"的指导思想下,建立城乡互动协调机制,城乡差距减少,基本实现了"幼有所教、老有所养,病有所医"。

在农村2.0时期的农村建设过程中(见图11-6),由于农业机械化的深入和城镇化的发展,使得农村富裕的劳动力逐渐往城乡转移,留在农村的年轻人越来越少,老年人越来越多,至此在我国农村出现了一种"留守儿童""留守老人"新生群体。这也是当前农村面临的新问题,也促使我国农村3.0的建设将加强关注人文建设,使得城乡一体化,全民统筹发展。

图11-6 农业2.0时期的农村

11.2.3 农村状态3.0——城乡实现一体化

农业3.0是以信息化为主导的现代农业、高效农业、环保农业;以技术密集、资本密集为其主要特点,具有高投入高回报、节能环保、可持续发展的优势,基于这些优势以及农业2.0时代打下的适度规模化基础,农业3.0时代在真正意义上实现了城乡一体化。目前城乡的差异主要体现在基础设施水平、自由支配收入及时间、城乡居民的话语权上。在农业 3.0 时代下，现代化的装备、高效的生产技术将极大解放农村居民的生产力，不仅极大提高了农民的自由支配收入，同时给予农民更多的自由支配时间用于接受教育、培训及享受生活；在先进的管理体系、发展理念下，农村的资源利用率、农民的劳动生产力进一步提高，农业的整体竞争力将在各行各业中脱颖而出，农民在社会中的地位也随之提升，获得更多话语权。因此，在农业 3.0 的时代背景下，城乡差异迅速缩小，并将以突飞猛进的势头实现城乡一体化，这种发展趋势在已实现农业 3.0 的美国、欧洲、日本等国家和地区得以验证。

美国是全球范围内在解决城乡二元经济及统筹城乡发展问题上最为成功的国家之一。与其经济的高度发达相适应，美国的城乡一体化发展已经达到很高的水平。在美国，"传统意义上的农村社区几乎不再存在，城市和乡村除去主体产业和景观差别外，生活水平和现代文明程度基本趋同"。不仅如此，而且以"都市化区""大都市化区"等地域空间组织形式的普遍形成显著标志，美国城乡发展已经进入了城乡一体化发展的高级阶段。步入农业 3.0 时期的美国（见图 11-7），通过农村基础设施现代化来发展"都市化村镇"，以及通过大力发展城乡之间交通设施体系来不断促进城乡融合发展；同时从优化城镇体系结构上入手，提升城镇资源一体化配置的信息化、智能化水平，实现城乡资源的一体化配置。

图 11-7 农业 3.0 时期的美国农村

借助于先进的农业科技，欧洲的绝大部分发达国家也已进入农业 3.0 时代，欧洲的农村建设则以德国、法国最具代表性。德国拥有世界知名的农机品牌克拉斯，产品包括联合收割机、自走式青贮收割机、翻晒机、打捆机等，此外，克拉斯在农业信息技术及精准农业技术方面也走在世界前沿。得益于高度的农业机械化、信息化、自动化水平，德国农村居民的资源利用率与劳动生产率也稳居世界前沿，德国农民拥有富足的可支配收入与时间，德国农村的基础设施建设也丝毫不落后于城镇，因此，德国部分地区的政治、经济、文化中心甚至就分布在一些农村地区，德国高度的城乡一体化水平造就了德国完美的平衡发展模式。农业3.0时期的德国农村如图11-8所示。

图11-8　农业3.0时期的德国农村

法国通过将先进的信息技术应用于生态农业标签，进一步促进了法国生态农业的发展与规模化建设，法国生态农业标签是法国五种标注质量和原产地的标识之一，证明产品符合法国有关法律的规定，保证产品的有机生产方式和过程完全尊重生态平衡和农民自主权，该标签的制定遵循如下原则：生产、养殖、加工、销售和进口等环节全覆盖；对施肥、处理、加工等环节可使用和添加的正面物品实行清单管理；控制、认证、处罚及标识。生态农业标签使得高附加值的生态农业产品质量得以保障，在保障农民高收入的前提下，尊重农民采用安全、生态、高效的生产方式与自主权。法国生态农业下的农村，不仅为从事农业生产的农民提供现代化的居所，更是风景优美、环境清新的景区（见图11-9）。

日本城乡一体化进程随着工业化进程不断发展，城乡差距经历了一个由小到大，再由大到小的变化过程，城乡收入差距开始时逐步拉大，并在达到最高点后开始缩小。日本人多地少，经历了农村与城市"剪刀差"的发展过程，第

图 11-9　农业 3.0 时期的法国农村

二次世界大战结束后，日本经济快速发展，在工业化和城市化的过程中，日本采取的是出口导向型的经济发展战略，以牺牲农业和农民利益来发展工业，导致了农业发展的严重滞后。城乡差距导致农村人口急剧向城市流动，使得农业生产一度陷入危机，但同样为农业规模化生产以及农业的现代化带来了契机。20 世纪 70 年代，日本政府开始关注农村发展，经过一定时期的发展，日本农业逐渐形成一定的规模化生产能力，随后通过工业反哺，大力发展现代农业，提升农业的机械化与自动化水平，日本城乡差距迅速缩小。如今的日本农村，不再是往日的凋敝模样，而是基础设施完备、农村居民安居乐业的场景（见图 11-10）。

图 11-10　农业 3.0 时期的日本农村

11.2.4　农村状态 4.0——农村是美丽幸福的智能家园

农业 4.0 时期，农业进入智能化生产管理时代，基本是无人值守牧场/渔场、无人农机、无人果园，农业成为超高产、高效、优质、生态、安全的产业，这样的生产模式下，农村也发生惊天巨变，农村成为人们向往的美丽富饶的智能家园，未来的农村将会让所有人向往！

进入农业4.0时期后，纯粹意义上的农民已经不复存在，那时的农民已经不再靠种地、养猪获得收入，而是经营着发达的智能农业产业。农村开始向智能庄园发展，传统的农民们已经开始离开农村，向城市或城镇聚居。而宅基地的流通，耕地及集体土地的承包转让，会让农村的大部分土地资源流向新时期专业的农业劳动者。新时期专业的农业劳动者经营着高效的农场，获得很高的收入，享受着美丽的田园风光，体验着智能农业的乐趣。

农业进入4.0时期后，一切农业生产依托于智能化的装备，农业的生产功能十分高效，不到1%的农业劳动力即可养活整个国家，农业的生态、旅游、观光、教育、休闲、娱乐功能成为主导的产业，领养农业、兴趣农业、体验农业成为农村一大亮点产业，特别是老人退休后可以把种养自己喜爱的农业动植物作为老年生活的一部分，届时的农村将成为老人最佳乐园，也是儿童亲近自然的乐园！

11.3 农业4.0时期的农民智慧生活

11.3.1 智慧家居

农业进入4.0时期后，农村基础设施、社会服务、文化传承等方面正式进入智慧生活。智能家居（见图11-11）深入农民家庭，各种家用电器通过物联网和互联网连接到一起，各种传感设备收集海量传感数据和用户数据，不需要用户人为干预，通过大数据和人工智能技术进行分析，同时结合语音识别、智能场景、融入式服务等便可为用户提供精细化的服务，更加贴合用户需求。与普通家居相比，智能家居不仅具有传统的居住功能，兼备建筑、网络通信、信息家电、设备自动化，提供全方位的信息交互功能，甚至能节约各种能源。

物联网技术在智能家居安防、远程控制、智慧服务等方面大规模应用，通过监控摄像头、窗户传感器、智能门铃（内置摄像头）、红外监测器等有效连接

图 11-11　农业 4.0 时期的智慧家居

在一起，用户可"刷脸"进门、指纹确认，保障住宅安全；通过远程控制开关电器设备，并追踪电源消耗，帮助用户更好地节约能源；通过手机应用实现开关灯、调节颜色和亮度等操作，随心所欲地变换你想要的场景氛围；依靠物联网技术，实现远程温控操作，控制每个房间的温度、定制个性化模式，甚至还能根据用户的使用习惯，通过 GPS、北斗定位用户位置实现全自动温控操作；可以远程控制洗衣机、冰箱、空调、烤箱、烹饪机等家具或炊具。用户通过设定家庭成员的基本身体数据，便可自动给出健康合理的菜谱建议；在传统烤箱上加入 WIFI 功能，通过手机应用控制烤箱温度，包括预热和加温，甚至可以下载菜谱，实现更具针对性的烹饪方式。不仅仅是烤箱，一些高端咖啡机、调酒机也可配备 WIFI 功能，并且厂商会不定期更新咖啡或鸡尾酒菜单，这样你在家也能品尝到咖啡厅、酒吧的味道；牙刷通过蓝牙与智能手机或穿戴设备连接，实现刷牙时间、位置提醒，根据用户刷牙的数据生成分析图表，估算出口腔健康情况；通过体重秤上内置传感器，实现血压、脂肪量甚至空气质量的检测，并传输至应用程序为用户提供健康建议，更可以与运动手环、智能手表等互联，实现更精准、无缝化的个人健康监测；智能马桶除了通过内置接近传感器实现自动开关盖操作，通过内置智能分析仪还能对排泄物进行分析，并将分析结果传送至手机和显示屏应用，让用户随时了解自身健康状况。

11.3.2 智慧医疗

农业进入 4.0 时期后,农村社区服务功能发展到极致,智慧医疗(见图 11-12)是农民智慧生活的保障。继"移动医疗""数字医疗"和"区域卫生信息化"之后,智慧医疗呼之欲出,未来的医疗体系将发生翻天覆地的变化。智慧医疗将会拥有如下特点:智能生物式身份识别和验证;智能化人体健康指标实时采集并云端交互;智能化大型检查设备处处联网并实时分发检查结果到云端;智能化医疗无线网络无处不在,社区、医院、政府、科研院所医疗数据高效共享和云端互通;智能化居民健康数据和医院诊疗数据按不同角色实施加密归档,经过云计算和大数据挖掘进行主动分级管理和诊疗决策;智能化全国专家和医生临床会诊大平台,打破传统医疗资源分层;智能化高效安全的药品采买、仓储、分发和配伍;智能化居民疾病医疗保险跟踪保障;智能化居民健康状况实时监测和预测预警推送;智能化就医环境和医事、医嘱服务;智能化临床科研和医药研发联动等。

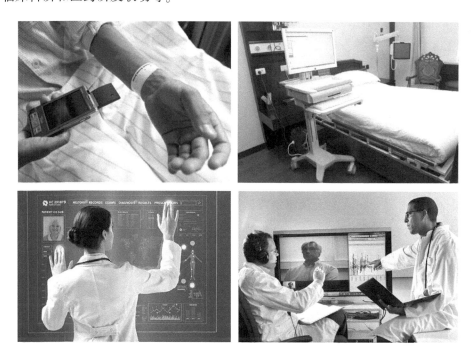

图 11-12 农业 4.0 时期的智慧医疗

未来的智慧医疗将始终以居民的健康和关怀为中心，以生物式传感、云架构物联网和海量数据智能处理技术作为支撑，社区、医院、政府、企业和科研部门资源将充分整合共享，高效协作；智慧医疗云无处不在，时空的壁垒都将打破，完善的分级、分项诊疗制度更加自主；居民健康状态将在大数据分析支持下得到实时的监控和干预，未来新生儿更加精准地接受优生优育的筛查和干预，未来慢性疾病的预防预警将会及时准确地推送给潜在致病居民，被动医治将被主动预防代替，未来急性病症将更加高效地受到及时干预并快速治疗；医院和社区定位更加准确，互相补充和联动，远程和定制化保健、会诊、咨询成为医生的工作内容，疑难病症的医学研究和药品研发将自主地由海量居民健康数据和临床症状数据挖掘驱动。届时，智慧医疗将造福整个人类。智慧医疗在大数据自主驱动的平台上，为每位居民和医疗机构提供定制化的健康监测和医事服务，引导居民主动防治各项健康威胁和疾病，主动消灭大规模疫情的爆发，居民寿命显著延长，生活质量显著提高，医疗资源高效应用，医疗产业链上下游互动，医事服务协同合作，居民生活空前幸福。

11.3.3　电子商务

农村电子商务是指利用互联网、计算机、多媒体等现代信息技术，为从事涉农领域的生产经营主体提供在网上完成产品或服务的销售、购买和电子支付等业务交易的过程。农业 4.0 时期，农产品电子商务和订单农业、拍卖市场成为农产品的主流交易方式。农村电子商务（见图 11-13）通过网络和多媒体技术满足各地不同的农业生产技术的需求，用户可以利用虚拟市场发布供求信息，会员交易，对平台积累的大量原始数据进行市场行情分析，同时也可以在网上开展农贸市场，数字农家乐，特色旅游，特色经济和招商引资等各项内容，充分利用电子商务的跨时空、交互性、整合性、超前性、高效性和经济性等特性实现农村对资金流、物流和信息流在农村的应用。

电子信息的出现，让一个陈旧的社会变成一个高速发展的社会，使电子商务在全球占据很大的地位，受到了社会的重视和认可。与此同时，电子商务还在逐步加强信息的多源化、知识的扩大化、市场的使用化、法制的建设化和网络的合理化。电子商务的迅猛发展，加快了农村利润的增长，也使农村成为一个信息网络化的智慧社区。

图 11-13　农业 4.0 时期的电子商务

11.3.4　智慧养老

　　智慧养老是面向居家老人、社区及养老机构的传感网系统与信息平台，并在此基础上提供实时、快捷、高效、低成本、物联化、互联化、智能化的养老服务，主要通过农村智慧养老云中心将农村老年人休闲体验中心、农村养老服务中心、农村医疗服务中心、农村商铺等与移动终端设备连接组成，进而实现全智能机器人服务老人的生活模式（见图 11-14）。农业进入 4.0 时期后，人均寿命将达到 100 岁，社会老龄化更为严重，养老产业成为一个庞大的产业，而农村则会成为养老的天堂。老年人通过领养智能果园、智能渔场、智能猪场、鸡场、智能温室等，锻炼身体、陶冶情操，体验智慧农场将成为老年人的一大爱好。其中农村养老服务中心、农村医疗服务中心、农村商铺、移动终端设备是服务提供方，老人是服务需求方，农村智慧养老云中心是将服务需求方与提供方连接起来的网络中介。当老年人有服务需求时，只要按动手中移动终端设备，信息就会马上通过网络云平台与服务方联系，为老人提供服务。农村养老服务中心的主要职责是汇总上报老年人信息，并在其下设立家政服务中心，为老年人提供养老服务。家政服务中心主要负责老人的生活照料、清理卫生、送餐服务等。可根据需要照顾的老人数量设置家政服务机器人的数量，农村医疗服务中心主要职责是老年人的健康数据上报、老年人的医疗健康照料等。当智能终端检测到老人身体健康指数有问题或者老人按动医疗救助按钮后，医疗服务中心值班机器人会马上赶往老人所在位置查看情况，并及时进行治疗。农村社区商铺主要职责是为老人提供商品服务和维修服务，老人有需要只需按键，信号将传送到养老服务中心和社区商铺，社区商铺直接送货上门，从老人呼叫时间算起，在规定的时间内（如1h）商品必须送到，养老服务中心还会给老人回拨电话咨询服务情况，根据服务情况来修改完善机器人的设定。智能机器人在娱乐方面也同样可以满足老人的各种需求。如老人可以通过移动终端设备来控制智能养鱼种菜系统等，便能吃到自己种的菜，既带来了乐趣又保证了食物的绿色健康；当老人不想自己动手做饭时，也可以命令机器人为自己做一顿丰盛而美味的大餐来满足自己的味蕾；当老人觉得孤单时，可以命令机器人陪自己聊天，也可以让几个机器人陪自己打牌等。

图 11-14　农业 4.0 时期的智慧养老

11.3.5　智慧娱乐

在农业 4.0 的时代，农民有了更多的时间和精力来充实自己的生活，丰富自己的眼界，娱乐生活成了衣食住行之外的重要组成部分。在经济与科技快速发展的时代,农村娱乐产业将成为最大的产业之一,智慧娱乐相对于传统狭义的娱乐方式而言,更加多样化、便捷化,创新性和文化传承意味更强。智慧娱乐是融合互联网、人工智能等现代化技术以及高科技设备,构建娱乐、生活一体化的智慧生活方式。

农业进入4.0时期后,传统的电影的播放形式会逐渐改变,替代它的是一种新型的娱乐模式"电影+旅行",在旅行中亲历电影,在电影中旅行。VR⊖头盔的出现和普及使得虚拟的图像变成了一个三维立体的空间,敞开在你的周围,使观众具有了参与感,不再是一个旁观者,而是操纵者。体育赛事的直播,还可以让观众在电视机前就看到全方位的现场全景,体验身临其境的感觉,宅在家中,也能神游天下(见图11-15)。农业进入4.0时期后,线下的娱乐方式例如主题公园、音乐剧、现场音乐会等也会有所改善,将线上线下相结合并提高用户参与感,拥有更好的用户体验。任何娱乐方式都将不再孤立存在,而是全面跨界连接,融通共生。创作者与消费者界限逐渐打破,每个人都可以是创作达人,每个用户的意见都可以实时地与创作者交流,并按照用户的意愿更改设置。趣味互动体验将广泛应用,人们通过娱乐寓教于乐,娱乐思维或将重塑人们的生活方式。

图11-15 农业4.0时期的农村VR

农业进入4.0时期后,农民家里安装多功能数字家庭集中控制器,实现网络一体化,包含电话、传真、电脑、电视机、影碟机、卫星电视等用于娱乐的家电,实现墙面直接控制开关机、音频切换、音量调节等效果,各个房间均有

⊖ VR表示虚拟现实技术。

自己的音源输入，可以听喜欢的音乐和看精彩的视频而不用担心影响到别人。除此之外，农民拥有家庭机器人（见图11-16），其拥有行进、感知、接收、控制等装置，能够代替人完成家庭服务工作，在人们休息的时候，无任何噪声地打扫房间；完成做饭、洗碗等各种家务活的同时，还能够帮助看管和教育儿童。

图11-16　农业4.0时期的智慧家政机器人

参考文献

[1] 开启人工智能和智慧家居的大门——记GTIC2017全球（智慧）科技峰会［J］. 电器, 2017（4）：32.

[2] 智慧家庭发展呈现四大趋势未来将迈向人工智能［J］. 通信世界, 2017（5）：23-24.

[3] 智能家居：任重道远［J］. 中国建设信息化, 2017（5）：56-59.

[4] 智能家居：在拐角遇见春天［J］. 中国建设信息化, 2017（5）：60-63.

[5] 孙宇, 于广军, 等. 基于物联网的智慧医疗信息化10大关键技术研究［J］. 医学信息学杂志, 2013, 34（1）：10-14.

[6] 孙喜琢, 林君, 等. 我国智慧医疗建设初探［J］. 现代医院管理, 2013, 11（2）：28-29.

[7] 段芳. 智慧医疗产业结构及发展现状探析［J］. 现代管理科学, 2015（9）：52-54.

[8] 武琼, 张帧, 等. 智慧医疗卫生服务的挑战与启示［J］. 中华医院管理杂志, 2013, 29（8）：597-599.

[9] 唐雄燕. 智慧医疗应用技术特点及发展趋势［J］. 中兴通讯技术, 2012, 18（2）：1-7.

[10] 家庭数字娱乐产品的多屏互动交互设计研究［D］. 江南大学, 2016.

[11] 何晓诗. 要娱乐更要有情怀有智慧［N］. 中国电影报, 2011-11-17（014）.

[12] 电视娱乐节目的娱乐性及文化价值探析［D］. 辽宁大学, 2011.

[13] 智慧与运气碰撞 知识与娱乐交融［D］. 南昌大学, 2008.

第12章

放眼未来——农业4.0发展的战略与对策

12.1 总体目标及发展思路

12.1.1 总体目标

通过30多年（到2050年，即第二个百年）的现代农业的建设，我国农业信息化应用水平将基本达到或超过现在欧美发达国家的水平，农业信息化应用进入农业产业集成融合发展阶段，基本实现新一代信息技术与"三农"的完全融合，全国完全实现传统农业产业的数据化、在线化改造，发达地区完全实现农业产业与新一代信息技术集成融合，全面实现农业3.0的目标，我国农业重新回到世界农业的制高点上。再经过20年（2070年前后）农业现代化的建设，我国农业生产智能化、经营网络化、管理个性化，城乡"数字鸿沟"彻底消失；大众创业、万众创新的良好局面将成为一种新的常态；智能化成为农业现代化发展坚强支撑，信息技术、智能技术与农业生产、经营、管理、服务全面深度融合，农业全面进入智能化时代，我国农业将成为世界农业的领跑者。

农业生产智能化、经营网络化。大力推进物联网技术、智能技术、虚拟技术在农业生产经营中的应用,在国家现代农业示范区和"三园两场"(蔬菜、水果、茶叶标准园、畜禽养殖标准示范场、水产健康养殖场)取得完全突破;建成一批智能化的大田种植、设施园艺、畜禽养殖、水产养殖物联网综合生产基地、家庭农场,实现生产空间集约高效;成熟化一批农业物联网关键技术和成套智能设备,形成与推广应用一批节本增效农业物联网应用模式;农业电子商务得到大力发展,进入全息时代,农产品、农业生产资料、休闲农业实现电子商务智能交易;国家粮食安全的保障能力大幅提升。

农业管理个性化。农业资源管理、农业应急指挥、农业行政审批和农业综合执法等实现在线化、数据化、智能化和个性化;建成国家和省级大数据平台,实现农业行业管理精细化和管理决策科学化;建成农副产品质量安全追溯公共服务平台,实现农副产品和食品"从农田到餐桌"的全程可追溯,保障"舌尖上的安全"。

农村与城市一体化协同发展,生活空间宜居适度、生态空间山清水秀;我国农村在基础设施、社会服务、文化环节等方面,与城市的差别将彻底消失;我国农民将与其他全国人民一样,拥有同样的智能化的生活方式、娱乐方式,享受平等医疗教育,农民的生活全面"e"化,电子商务、智能家居、服务机器人等普遍使用。我国农村将成为天蓝、地绿、水净、气洁的美好家园。

12.1.2 发展思路

农业4.0建设要以本地区现代农业发展的基本定位为基础,要对接农业生产、农产品流通、农民生活和农村社会管理,全面服务农业农村发展。农业4.0发展要长远布局,以若干个重大工程为抓手和突破,以5大发展理念为指导,以2个结合为统领,以4个全面实现为最终目标,分步建设的发展思路,同时在实际工作中要有急迫感和责任感,各部门相互协调,形成合力,共同加快推进各项任务实施。

农业作为传统产业,是全面建成小康社会、实现现代化的基础,农业4.0要瞄准农业现代化和农村经济持续稳定协调发展的主攻方向,要适应农业特点,接好农村地气,遵循市场和产业发展规律,探索可持续的商业运行模式,必须深刻把握"三农"发展的新阶段和新趋势,着力加强供给侧结构性改革,着力提高农业供给体系质量和效率，紧紧围绕农业现代化和城乡一体化的建设需求，明确本地区农业4.0发展定位，通过农业4.0建设，形成农业4.0发展的新模式、新机制和新产业聚集的源发地、产出地和示范地。

其中若干个重大工程：①基础建设工程，是农业4.0的前提和基础，要拿出建设标准；②平台建设工程，农业4.0的大数据中心是神经中枢，也是聚焦产业的牛鼻子；③要素支撑工程，包括聚集和培育农业4.0的建设商、运营商、服务商，是农业4.0发展的支撑条件；④产业智能化工程主要包括种植业、畜牧业、渔业、休闲旅游业的一、二、三产业融合来提升建设，智能化改造，是农业4.0的重要研究内容；⑤人才培育工程，面向政府各级工作人员、农民和新型经营主体，以及相关农业技术和农业信息化研究开发人员，开展大规模培训，提高认识、技术、应用水平，激发活力和创造性，人才是各项工作开展的根本；⑥融合发展工程，包括科技、金融、税收、政策环境改善，也是聚集产业、汇聚人才的重要动力。

5大发展理念就是：创新、协调、绿色、开放、共享，这5大理念要作为5大法宝，渗透到农业4.0的各项工作中，深入践行和落到实处。

2个结合，就是要坚持线上农业和线下农业结合、实体经济和虚体经济结合，努力形成科学合理的线上农业和线下农业的比例、结构、层次和规模，实现全息化经营。

4个全面，就是通过农业4.0的建设，要全面完成农业转型升级、全面实现农民富裕，全面建成美丽文明乡村，全面提升农业竞争力。这是农业4.0建设的根本目标。

12.2　主要技术路线

根据各地区农业发展现状和任务布局，在规划发展的时序上，按照启承顺序安排先导发展期、主体发展期和覆盖发展期三个阶段，总体承前启后顺序，但在起步时间上有一定的承延、交叠关系。

1. 先导发展期——农业2.0（2015~2020年）

"互联网+"现代农业建设取得明显成效，农业农村信息化水平明显提高，信息技术与农业生产、经营、管理、服务全面深度融合,信息化成为创新驱动农业现代化发展的先导力量。在现有农业信息化建设基础上,升级完善实现农业2.0基础设施,应用效果显著的现代农业示范园区、现代农业产业园区和现代农业家庭农场,开始探索实现农业3.0的路径,总结经验,树立类型多样、模式先进、成效明显的示范区。东部地区和农业信息化建设有良好发展基础的地区,率先进入农业3.0的试点和建设,探寻农业3.0的路径,为中部和西部地区的发展提供成功经验。

到2020年,掌握一批重点农业信息化领域关键核心技术,优势领域竞争力进一步增强,农业信息技术水平有较大提高。农业生产经营的数字化、网络化取得明显进展。重点农业行业的农药、投入品、物耗及污染物排放明显下降,劳动生产率、土地产出率、资源利用率得到明显改善。农业生产智能化水平大幅提升,农业物联网等信息技术利用率达到17%,经营网络化水平大幅提升,农产品网上零售额占农业总产值比重达到8%,农村互联网普及率达到52%。

2. 主体发展期——农业3.0(2020~2050年)

承沿农业2.0示范区,优先发展示范区周边产业基础良好、特色明显的区域,发挥各省市建设现代农业的积极性,大力调动社会资本进入,利用市场化机制推动建成若干有代表性农业3.0的综合示范。东部地区在完成农业3.0路径探索的基础上要逐步开展农业信息技术的全面、集成、融合应用,中部有条件的地区也将逐步进入全面集成融合应用阶段。

到2050年,"三农"整体农业信息化应用水平大幅提升,创新能力显著增强,新一代信息技术与农业的全面、集成、融合应用迈上新台阶。劳动生产率、土地产出率、资源利用率明显提高,发达地区的劳动生产率、土地产出率、资源利用率达到国际先进农业国家水平,依托农业物联网、云计算、大数据等信息技术,我国农业重新回到世界农业的制高点。形成一批具有较强国际竞争力的跨国农业公司和农业产业集群,在全球农业产业价值链中的地位明显提升。农业生产信息化集成应用水平大幅提升,农业物联网等信息技术集成利用率达到80%,经营全系化水平大幅提升,电子商务零售额占农业总产值比重达到85%,农村互联网普及率达到100%。

3. 攻坚发展期——农业 4.0（2050~2070 年）

按照全覆盖的要求，深挖后发地区的资源特色和优势，集中人力、财力、物力，通过政策倾斜的方式，采用对口帮扶、资源注入、联动发展等措施，加快中西部区域、少数民族地区农业 4.0 的整体建设，最终实现全国农业 4.0 全覆盖的发展目标。

到 2070 年，我国农业全面进入农业智能化、无人化、虚拟化阶段，彻底解决制约农业生产的环境、劳动率、资源利用率和土地产出率的问题，我国农业大国地位更加巩固，农业综合实力引领世界农业，建成引领全球的农业智能技术体系和产业体系。农业生产将按照个性化需要的质量、数量和规格智能化生产，智能化利用率达到 100%；农业经营网络化、虚拟化、个性化的电子交易率达到 100%。

12.3　对策与措施

农业 4.0 的培育、发展与推进实施是一项系统工程，为了迎接农业 4.0 时代的到来，需要各级政府、电信行业、IT 企业、农业企业、农户、新型农业经营主体、农业科研院所和高校等部门通力合作、共同发力。本节从组织与机制创新、强化支撑与完善保障、资金投入与政策保障等几方面论述了农业 4.0 实施的保障政策需求。

12.3.1　组织与机制创新

1. 加强领导组织

要制定国家农业 4.0 远期发展规划，建立专门工作机构和专家咨询机构，发挥电信运营商、金融机构、农业企业、供销社等多主体的能动性和创新性，统筹协调相关部门，明确责任分工，形成工作合力。近期，即 2020 年前（第一个百年前），各级政府有关部门要把完成农业 2.0 规划的任务、实现农业 2.0 规划目标和实施农业 2.0 规划工程作为保障农业供给侧改革、促进农民持续增收、打赢脱贫攻坚战、推进农村经济社会可持续发展的重大举措。各级农业部门要切实担起牵头责任，协同相关部门建立联席工作机制，明确负责机构和人员，制定工作方案，细化政策措施，及时商讨解决现代农牧业发展过程中面临的重大难题，联合制定都市型现代农业发展的专项政策，统筹协调推动重大工程的实施，确保农业2.0规划落到实处，共同推进农业2.0规划的实施。实施农业2.0规划成果考核及动态监测，研究制定实施意见和具体工作方案，把各项任务落实到年度计划中，加强对实施的综合评价和绩效考核，切实把规划落到实处。充分发挥专家咨询委员会的作用，为决策和实施提供支撑。同时布局与制定农业3.0的中长期发展规划，以及农业4.0的远期发展规划。

2. 提高思想认识

农业是全面建成小康社会和实现现代化的基础，推进农业4.0是顺应信息经济发展趋势、补齐"四化"短板的必然选择，是全面建成小康社会、实现城乡发展一体化的战略支点，对加快推进农业现代化、实现中华民族伟大复兴的中国梦具有重要意义。各级农业部门和参与各方要抓住千载难逢的历史机遇，充分认识到农业4.0在推动农业转型升级、实现"四化协调"方面的重要性和艰巨性，切实增强责任感使命感。同时，要贯彻落实新发展理念，增强跨界融合创新的互联网意识，积极争取当地党委政府和有关部门的支持，充分调动企业主体和基层农民的积极性和创造性，把互联网作为推进"三农"工作新的驱动力，加快互联网与产业链、价值链和供应链深度融合，驱动农业"跨越发展"、助力农民"弯道超车"、缩小城乡"数字鸿沟"，加快推进中国特色农业4.0建设。

3. 完善产业链利益联结机制

利用期货、现货两个交易平台，大力发展农业农村电子商务，完善物流网络体系，鼓励龙头企业资助订单农户参加农业保险；鼓励龙头企业采取承贷承还、信贷担保等方式，缓解生产基地农户资金困难；引导龙头企业创办或领办各类专业合作组织，鼓励龙头企业采取股份分红、利润返还等形式，将加工、销售环节的部分收益让利给农户，引导龙头企业在贫困地区建立生产基地、联办合作社、投资入股，与贫困户建立利益共享、风险共担的合作机制，带动贫困农民发展特色优势产业，创建有机、绿色、无公害的农畜产品品牌，为农业4.0时代到来做好准备。

4. 加快培育新型主体

按照"举龙头、建园区、强基地、带农户、促效益"的原则，加快培育专业大户、家庭农牧场、合作组织、龙头企业等新型经营主体，形成龙头企业带动合作社和大户，合作社辐射带动一般农户的一体化格局；赋予农牧民对承包土地、草牧场占有、使用、收益、流转及承包经营权抵押、担保的权能，进一步完善土地和草牧场流转制度，支持经营权在公开市场上向专业大户、家庭农牧场、合作社、龙头企业流转，发展规模经营，加快构建以农牧户家庭经营为基础、合作与联合为纽带、社会化服务为支撑的立体式复合型现代农牧业经营体系；大力推行"公司+基地+农户"和农超对接、农社对接、地产农畜产品直销店等产业发展模式；加大招商引资力度，大力发展农畜产品精深加工和储运业；推进品牌战略，充分利用农牧业资源优势和发展潜力，加大对品质好、规模大、效益高的农畜产品利用信息技术的扶持力度，提高市场占有率和知名度。同时，加大品牌宣传、开发力度，建立品牌激励、培育机制。引导新型经营主体围绕"品种、品质、品牌"做好文章，积极参与国家级、自治区级名牌农产品创评活动，增强农产品市场竞争力。为农业3.0时代和未来的农业4.0时代做好准备。

5. 鼓励组建联盟搭建多层次平台

鼓励组建农牧业产业化龙头企业联盟，加强行业自律，规范企业行为，服务会员和农牧户。建立健全农畜产品生产信息收集和发布平台，无偿为龙头企业的生产经营决策提供所需信息。建立农牧业产业化项目库，与龙头企业动态监测相结合，鼓励运行良好的龙头企业扩大生产经营规模，进一步完善技术创新机制，重点进行企业技术和新产品的开发，不断提高产品质量和科学技术含量，使企业逐步成为拥有自主知识产权、有较强竞争力和较高创新能力的农牧业企业。

12.3.2 强化支撑与完善保障

1. 加强农业服务体系建设

加快构建以公益性推广机构为主导、其他服务组织广泛参与的"一主多元"

农业服务体系，健全、完善县、乡、村三级信息服务体系；加大对基层农业信息服务站实用人才、专业合作社组织领办人、农牧民经纪人和种养大户等培训力度，实现规范化县级农业信息服务体系改革与建设项目全覆盖，着力解决智能化、无人化种植和养殖的问题；创新科技服务方式，培育科技创新和推广技术团队，广泛推行乡村信息服务站（示范小区）、专家大院、科技特派员等形式，推广"专家+农技人员+科技示范户"的工作机制和"包村联户"等服务模式，以重点为农业龙头企业、农民专业合作社做好技术服务为突破口，强化新技术集成、配套和示范推广工作，提高新技术、新成果、新品种、新材料的覆盖率和转化率。推进农业快速进入3.0时代，并对未来的农业4.0时代打好基础。

2. 推进完善基础设施

推进完善电信普遍服务机制，加快农村信息基础设施建设和宽带普及。加强现有信息采集网络的硬件设施配备，实现设施设备的升级换代。按照共享共用、协作协同、分工分流的原则，推进建立完善的智能化数据采集渠道和监测网络。强化云计算基础运行环境，提升通过传统方式和基于互联网等现代方式采集、处理农业农村大数据的支撑能力。

3. 完善技术支撑

选择重点领域，加大财政资金投入力度，引导社会资本进入，有计划地组织实施农业3.0重大工程，重点推进农业物联网、电子商务、大数据、综合信息服务等领域的融合创新。建立一批农业3.0示范工程，使农业传感器、无线传感网络、智能控制终端等物联网技术和装备成熟化，加强数据挖掘、关联分析、知识发现等大数据技术在农业中的应用。加快推进农业数据采集、交换、共享，农业物联网传感器及传感节点、通信接口、平台，电子商务分等分级、产品包装、物流配送，信息综合服务技术规范等标准体系建设，充分发挥信息技术在向传统农业渗透过程中，对土地、资本、劳动力、市场、生产工具和信息等农业资源要素的重新配置和重组，进而实现种植业、畜牧业、渔业、农机、农产品加工和农业科教这六个行业的在线化、数字化和标准化。可在部分有条件的地区探索农业4.0的初步方案，开展部分前沿性探索。深入贯彻国家信息安全战略，加强网络与信息系统安全基础设施建设，强化重要信息系统和数据资源保护，落实农业信息网络安全的责任，提高网络和信息系统的防攻击、防篡改、防瘫痪、防窃密等能力，切实保障信息安全。

4. 强化质量安全保障

加快建立农畜产品质量标准体系，大力推广绿色生产技术，强化农牧业面源污染治理，大力实施养殖场清洁工程；健全、完善质量安全监管、检测体系，加大农畜产品质量安全检测和执法力度。对生产基地实行农畜产品产地编码制度，对绿色农畜产品实行市场准入制度；积极开展农畜产品质量追溯管理体系建设，落实从田头到餐桌的全程监管责任；积极鼓励和支持龙头企业、农畜产品基地、专业合作社申报"三品"认证，培育、发展特色品牌。加强对无公害农畜产品基地、绿色产品的监督管理，开展全程跟踪调查和标识管理，推行绿色农畜产品定点销售制度，鼓励创办绿色农畜产品专销点和专柜，逐步推行市场准入制度。健全、完善基层重大动物疫病防控体系，强化预防免疫和生产、屠宰及流通环节的检疫监管。加速推进农业3.0，为农业4.0时代的到来奠定良好基础。

5. 加强人才培养

制定新型农民和农村实用人才奖励计划，充分利用各类培训资源，加大专业大户、家庭农场经营者的培训力度，提高其生产技能和经营管理水平。鼓励龙头企业通过"流动工作站""专家服务站""人才培训学校"等形式，对高素质、高技能的农村实用人才加大开发投入，建立政产学研用结合的人才培育孵化平台，聚集和孵化涉农创新型人才。优先保证对农业创业投资人才、经营管理人才、专业技术人才和农村实用人才等的经费投入，设立涉农人才培养和开发专项资金，确保各类人才培养和开发工作稳定发展。为农业3.0培养产业人才，加速推进农业3.0，为农业4.0时代的到来打基础。

6. 开展理论研究，构建农业3.0、4.0新生态

农业部门要组织相关的科研机构、大专院校开展农业3.0和4.0生态研究，准确把握各地农村的特点、农业经济的特点，准确把握农业3.0、4.0时代的特点和发展趋势，积极构建农业4.0新生态；研究适合各地实际需求的农业3.0、4.0时代的发展模式和商业模式。加强现代市场理念、现代市场模式、现代农业科学技术、现代化的管理方式的培养，逐步让品牌、标准化的理念普及到农民。

12.3.3　加大投入与政策集成

1. 建立农业3.0、4.0投入的长效机制

加强与立法机关和有关部门的沟通协调，推动农业农村信息化相关法律法规制修订工作，建立依法促进农业农村信息化发展的长效机制。按照总量持续增加、比例稳步提高的要求，不断增加在设施农牧业、品种改良、科技推广、体系建设、质量安全和基础设施等方面的信息化投入。各级农业部门要会同相关部门，制定完善规章制度，正确理解农业4.0的技术、资源、行业、环节体系、模式、机制六维度的相互作用关系，积极出台配套政策，最大限度减少事前准入限制，破除行业壁垒，为农业农村信息化提供良好宽松发展环境。按照"统筹安排、分类实施、各尽其责、各记其功"的原则，整合农牧业直接补贴类、基础设施建设类项目资金，避免重复建设，使资金形成合力，发挥投资的最大效益。构建完善的农业信息消费补贴政策体系，积极探索面向农民的信息补贴政策。建立农业农村信息技术标准化体系，夯实信息系统互联互通基础。农业部在制定相关政策时，对试点省份优先考虑、予以倾斜，支持试点省份开展试点工作。

2. 创新资金投入体制机制

按照总量持续增加、比例稳步提高的要求，不断增加互联网农业小镇的资金投入。市、县区两级财政每年的支农资金依据财力增长和支出需求逐年增长，强化资金保障。探索建立"政府引导、社会多元投入"的可持续发展机制，创新融资模式，积极规范引导社会资本参与互联网农业小镇建设，按照"谁投资、谁管理、谁受益、谁负责"的原则，吸引社会投资，鼓励和支持非公有制经济等各种经济成分参与互联网农业小镇的建设。设立互联网农业小镇发展奖励基金，对龙头企业、合作组织新上项目、晋等升级、品牌打造进行奖励。

3. 加快金融产品和服务创新

金融部门要发展可循环使用信用额度、季节性收购贷款，实行灵活的贷款期限。发展保单、仓单等质押贷款，推广温室等地上物、土地承包经营权、草牧场承包经营权、林权、商标权、知识产权、股权抵（质）押贷款。加大政策性金融部门对农牧业产业开发和农村牧区基础设施建设中长期信贷支持。农村牧区金融部门规定支农比例，中长期性贷款比例，农牧业产业化中小企业的贷款比例。开展多种形式的银企对接活动，积极争取金融部门对科技含量高、市场潜力大、经济效益好的农畜产品龙头企业和合作组织提供信贷支持。通过农户联保、公务员担保和企业联保等形式，扩大信贷规模。探索组建市级农牧业投融资担保公司，发挥政府投资的杠杆作用，放大政府资金的规模效益，撬动银行资本，通过担保、贴息等方式，解决农牧业贷款难、利息高的问题。鼓励支持企业上市融资或发行债券募集资金。

4. 统筹利用国际国内两个市场、两种资源

统筹利用国际国内两个市场、两种资源是我国实行对外开放的重要经验总结，是发展现代农业、保障国家粮食安全和主要农产品供给的必然要求。充分认识统筹利用国际国内两个市场、两种资源的重要性，充分把握"一带一路"发展的有利时机，在扩大农业对外开放过程中，扬长避短、趋利避害，扩大开放领域，优化开放结构，提高开放质量，进一步拓展农业对外开放广度和深度。不断完善农产品进出口战略规划和调控机制；加强国际市场研究和信息服务；强化农产品进出口检验检疫和监管；引导外商投资发展现代农业；实施外资准入和安全管理制度；积极实施"走出去"战略，统筹开展对外农业合作，逐步建立农产品国际产销加工储运体系。

参 考 文 献

[1] 国务院. 关于积极推进"互联网+"行动的指导意见：国发［2015］40 号［A/OL］. (2015-07-14)［2017-05-01］. http：//www.gov.cn/zhengce/content/2015-07/04/content_10002.htm.

[2] 国务院. 促进大数据发展行动纲要：国发［2015］50 号［A/OL］. (2015-08-31)［2017-05-01］. http：//www.gov.cn/zhengce/content/2015-09/05/content_10137.htm.

[3] 国务院. 全国农业现代化规划（2016-2020 年）：国发［2016］58 号［A/OL］. (2016-10-17)［2017-05-1］. http：//www.gov.cn/zhengce/content/2016-10/20/content_5122217.htm.

[4] 新华社. 中华人民共和国国民经济和社会发展第十三个五年规划纲要,（2016 年 03 月 16 日第十二届全国人民代表大会第四次会议批准）［E/OL］. (2016-03-17)［2017-05-01］.

http：//www.gov.cn/xinwen/2016-03/17/content_5054992.htm.

[5] 新华社.中共中央办公厅、国务院办公厅印发《国家信息化发展战略纲要》[E/OL].(2016-07-27)[2017-05-01].http：//www.gov.cn/gongbao/content/2016/content_5100032.htm.

[6] 国务院."十三五"国家信息化规划：国发[2016]73号[A/OL].(2016-12-15)[2017-02-05].http：//www.gov.cn/zhengce/content/2016/12/27/content_5153411.htm.

[7] 农业部."十三五"全国农业农村信息化发展规划：农市发[2016]5号[A/OL].(2016-08-29)[2017-05-05].http：//www.moa.gov.cn/govpublic/SCYJJXXS/201609/t20160901_5260726.htm.